世界绿色建筑政策法规及评价体系 2014

中国城市科学研究会
绿色建筑与节能专业委员会绿色建筑政策法规学组　组织编写
住房和城乡建设部科技与产业化发展中心
清华大学　编　著
中国建筑设计研究院

中国建筑工业出版社

图书在版编目（CIP）数据

世界绿色建筑政策法规及评价体系2014/住房和城乡建设部科技与产业化发展中心等编著. —北京：中国建筑工业出版社，2014
ISBN 978-7-112-16615-2

Ⅰ.①世… Ⅱ.①住… Ⅲ.①生态建筑-建筑法-评价-世界 Ⅳ.①D912.290.4

中国版本图书馆CIP数据核字(2014)第052576号

责任编辑：齐庆梅
责任设计：李志立
责任校对：赵　颖　党　蕾

世界绿色建筑政策法规及评价体系2014
中国城市科学研究会
绿色建筑与节能专业委员会绿色建筑政策法规学组　组织编写

住房和城乡建设部科技与产业化发展中心
清华大学　编　著
中国建筑设计研究院

*

中国建筑工业出版社出版、发行（北京西郊百万庄）
各地新华书店、建筑书店经销
北京科地亚盟排版公司制版
北京君升印刷有限公司印刷

*

开本：787×1092毫米　1/16　印张：8　字数：250千字
2014年3月第一版　2014年3月第一次印刷
定价：30.00元
ISBN 978-7-112-16615-2
(25388)

版权所有　翻印必究
如有印装质量问题，可寄本社退换
（邮政编码 100037）

顾问委员会名单

武 涌　王有为　高春平（新加坡）Martin James Townsend（英）
伊香贺俊治（日）　李彦颐（中国台湾）　Lane Wesley Burt（美）
王建清　张福麟　姜中桥　袁 镔

编委会名单

主　编：杨　榕
副主编：宋　凌
编　委：（按姓氏笔画为序）
　　　　马欣伯　王群依　方东平　叶金成　朱颖心　任　宏
　　　　刘长滨　刘应宗　刘燕辉　李丛笑　李宏军　杨　杰
　　　　束晓前　汪　涛　陈　立　宫　玮　郭　韬　酒　淼
　　　　葛　坚

序

发展绿色建筑，为人们提供健康舒适的建筑环境，并实现建筑全寿命期的节地、节能、节水、节材、保护环境，对促进我国城镇化低碳、绿色和循环发展具有重要意义。2013年1月国务院办公厅1号文件转发了国家发展改革委和住房城乡建设部《绿色建筑行动方案》，提出政府投资建筑，直辖市、计划单列市及省会城市的保障性住房，以及单体建筑面积超过2万m^2的大型公共建筑，自2014年起全面执行绿色建筑标准，"十二五"期间新建绿色建筑达到10亿m^2，到2015年末，20%的城镇新建建筑达到绿色建筑标准要求。为贯彻落实这一目标和要求，我国已有20多个省市结合自身实际情况制定了地方的"绿色建筑行动方案"，明确了绿色建筑的发展目标和推动措施。可以说，我国绿色建筑的发展，已从少数试点示范，发展为遍布我国大江南北的规模化发展阶段。不久的将来，中国的绿色建筑必将成为全球节能减排和绿色发展的重要举措之一。

目前，部分省市已开展了许多试点实践，但一些地方还在研究和探索。"他山之石可以攻玉"，世界上不少国家和地区，在绿色建筑发展过程中也经历了从无到有、从试点示范到大规模推广的历程，其绿色建筑发展的历程、面临的问题、采取的推动措施、制定的相关政策法规以及实施经验等，都值得我们认真学习和科学借鉴。

正值此时，以住房城乡建设部科技与产业化发展中心为牵头的中国绿色建筑与节能专业委员会绿色建筑政策法规学组，组织编写了这本《世界绿色建筑政策法规及评价体系2014》，对国际上几个典型国家和地区的绿色建筑发展历程、政策法规特点和实施效果以及评价标准体系等进行了深入详细的研究，并结合我国国情进行了分析。该书内容翔实、系统性强，客观反映了目前世界上部分典型国家和地区绿色建筑政策法规和评价体系的发展趋势与特点，不仅可以为我们国家和地方绿色建筑相关政策法规的制定与完善提供有益参考，也可以为我国从事绿色建筑相关工作的专业人士提供学习材料。这对加快推动我国绿色建筑发展，实现国家绿色建筑行动方案提出的目标要求，是非常有益的支持。

住房和城乡建设部建筑节能与科技司
二〇一四年三月二日

前 言

我国当前的城镇化发展迅速，全国城镇每年的建设量达到 16 亿～20 亿 m^2。近十年来，我国建筑能耗约占社会总能耗的 20%～25%，每年生产制造建筑材料耗用的矿物资源约为 50 亿～70 亿 t，建筑排放的垃圾、污水、温室气体也逐年增长。如何缓解建筑业发展带来的环境和资源压力，成为我国经济和社会发展中面临的重要问题。绿色建筑是在尽量节约资源、保护环境和减少污染的条件下，为人们提供健康、适用和高效的使用空间。发展绿色建筑不仅是应对和缓解我国资源和环境压力的重要选择，也是实现我国城镇化可持续发展的必由之路。

我国于 2006 年制定了国家标准《绿色建筑评价标准》GB/T 50378—2006，2008 年正式实施了绿色建筑评价标识制度，经过多年努力取得了一些成效。为进一步加快发展绿色建筑，促进建筑产业优化升级，2012 年以来《关于加快推动我国绿色建筑发展的实施意见》（财建〔2012〕167 号）、《国务院办公厅关于转发发展改革委 住房城乡建设部绿色建筑行动方案的通知》（国办发〔2013〕1 号）等一系列绿色建筑政策文件陆续发布，提出了我国绿色建筑的发展目标，并明确了以"激励"与"强制"相结合的方式推动绿色建筑发展。所谓"激励"即对高星级（二星及以上）绿色建筑给予资金奖励；所谓"强制"即要求政府投资的公益性建筑和直辖市、计划单列市及省会城市的保障性住房等，自 2014 年起全面执行绿色建筑标准。随着上述中央政策文件的出台，很多地方也开始积极探索和实践这种"激励"与"强制"相结合的绿色建筑发展方式。

当然，我国正处在绿色建筑快速发展的初期，依然存在着社会对绿色建筑认识不足、地域发展不平衡、服务市场尚未成熟、技术支撑体系与评价体系有待完善、评价标识制度缺乏有效监管，实际运行的绿色建筑少、专业人才队伍不足等一系列可能影响绿色建筑健康发展的问题，而目前已出台的政策法规和推动措施还都处于探索阶段，还有待实践的检验。这个时候，有必要看看周围都是怎么做的，了解和学习国外发展绿色建筑的经验教训，为创新和完善我国绿色建筑发展机制和体制提供参考，让我国绿色建筑的发展少走弯路。

目前，国际上已有不少绿色建筑发展较早的国家和地区经过多年研究与实践，在绿色建筑推动和政策法规制定方面积累了丰富经验。然而，各国国情不一，绿色建筑更强调因地制宜，因此，这些他山之石，哪些可以攻玉，需要重新梳理。有鉴于此，从 2010 年起，以住房和城乡建设部科技与产业化发展中心为组长单位的中国绿色建筑与节能专业委员会绿色建筑政策法规学组，组建了《世界绿色建筑政策法规及评价体系》系列书籍的编写组，并开始着手本书的资料搜集和研究。该系列书旨在梳理世界典型国家和地区的绿色建筑发展与现状、相关的政策法规和绿色建筑评价体系，并结合我国绿色建筑发展进行评述，为我国建立与完善绿色建筑政策法规和评价体系提供参考依据。

为了深入了解各国绿色建筑发展详情，系列中的每本书只针对部分典型国家和地区开展研究，并特聘了这些国家和地区的绿色建筑政策法规专家担任顾问，对他们所在国家和地区的编写内容给予支持和指导。为了确保本书内容的时效性和全面性，2013年8月2日，住房和城乡建设部科技与产业化发展中心在北京专门召开了"国际绿色建筑政策法规研讨会"，邀请本书顾问和国内外绿色建筑政策法规的专家和业内人士，对国际绿色建筑和相关政策法规发展的最新动态进行了深入探讨，这些研讨成果进一步丰富了本书的内容。

本书共8章内容，第1章简述了绿色建筑内涵和世界绿色建筑发展趋势。第2章总结了我国绿色建筑发展、政策法规制定和评价标识工作的现状以及面临的问题。第3～7章分别从"绿色建筑发展背景与历程"、"绿色建筑主要法律法规及政策"、"绿色建筑评价体系"和"绿色建筑政策法规及评价体系的特点与启示"四个方面对美国、英国、日本、新加坡和中国台湾共5个典型国家和地区的绿色建筑发展情况与经验进行了总结介绍。其中，"绿色建筑评价体系"中还包含了一个典型评价案例的简介。第8章结合各国（地区）在绿色建筑发展和相关政策法规与评价体系制定方面的经验，对我国绿色建筑发展提出了相关意见和建议。

本书编写过程中，新加坡建设局科技发展署副署长高春平先生、英国建筑科学研究院（全球）有限责任公司BREEAM董事Martin James Townsend先生、BREEAM亚洲区负责人曹春莉女士、日本庆应义塾大学教授伊香贺俊治先生、中国台湾树德科技大学副教授李彦颐先生和美国绿色建筑委员会政策主管Lane Wesley Burt先生给予了很多指导，并提供了丰富的基础资料；住房城乡建设部建筑节能与科技司武涌巡视员、王建清处长、张福麟处长、住房城乡建设部科技与产业化发展中心姜中桥副主任、清华大学袁镔教授提出了宝贵的修改意见，对提高本书的编写水平付出了大量心血；在此一并表示诚挚的感谢！

本书在编写过程中几易其稿，但由于时间紧、任务重，书中难免存在不足之处，恳请广大读者批评指正。对本书的意见和建议，请反馈至住房和城乡建设部科技与产业化发展中心绿色建筑发展处（地址：北京市海淀区三里河路9号住房和城乡建设部南配楼204室；邮编：100835；E-mail：cngb@mail.cin.gov.com；网址：www.cngb.org.cn）。

目 录

第1章 世界绿色建筑发展概况 ··· 1
  1.1 绿色建筑的内涵 ·· 1
  1.2 世界绿色建筑发展趋势 ·· 1

第2章 中国绿色建筑政策法规及评价体系 ···································· 4
  2.1 中国绿色建筑发展背景与历程 ······································ 4
  2.2 中国绿色建筑主要法律法规及政策 ································ 6
  2.3 中国绿色建筑评价体系 ··· 11
  2.4 中国绿色建筑政策法规及评价体系的特点 ······················ 18

第3章 美国绿色建筑政策法规及评价体系 ·································· 22
  3.1 美国绿色建筑发展背景与历程 ···································· 22
  3.2 美国绿色建筑主要法律法规及政策 ······························ 23
  3.3 美国绿色建筑评价体系 ··· 28
  3.4 美国绿色建筑政策法规及评价体系的特点与启示 ············· 34

第4章 英国绿色建筑政策法规及评价体系 ·································· 36
  4.1 英国绿色建筑发展背景与历程 ···································· 36
  4.2 英国绿色建筑主要法律法规及政策 ······························ 37
  4.3 英国绿色建筑评价体系 ··· 44
  4.4 英国绿色建筑政策法规和评价体系的特点与启示 ············· 51

第5章 日本绿色建筑政策法规及评价体系 ·································· 53
  5.1 日本绿色建筑发展背景与历程 ···································· 53
  5.2 日本绿色建筑主要法律法规及政策 ······························ 54
  5.3 日本绿色建筑评价体系 ··· 61
  5.4 日本绿色建筑政策法规及评价体系的特点与启示 ············· 70

第6章 新加坡绿色建筑政策法规及评价体系 ······························· 71
  6.1 新加坡绿色建筑发展背景与历程 ································· 71
  6.2 新加坡绿色建筑主要法律法规及政策 ··························· 73
  6.3 新加坡绿色建筑评价体系 ·· 76
  6.4 新加坡绿色建筑政策法规及评价体系的特点与启示 ·········· 82

第7章 中国台湾地区绿色建筑政策法规及评价体系 ······················ 84
  7.1 中国台湾绿色建筑发展背景与历程 ······························ 84
  7.2 中国台湾绿色建筑主要法律法规及政策 ························ 87
  7.3 中国台湾绿色建筑评价体系 ······································· 91
  7.4 中国台湾绿色建筑政策法规及评价体系的特点与启示 ······· 97

第8章 世界绿色建筑政策法规分析及对我国的启示 ·············· 99
   8.1 完善顶层设计,制定科学合理的目标和规划 ··············· 99
   8.2 绿色建筑发展需因地制宜、循序渐进 ··················· 99
   8.3 政府带头示范,充分发挥引领作用 ···················· 99
   8.4 以市场培育为目标的激励政策 ······················ 100
   8.5 加快完善绿色建筑标准体系,并提高其应变能力 ············· 100
   8.6 完善第三方机制和职业资格认证机制,规范技术市场 ·········· 100
   8.7 实施我国绿色建筑的"走出去战略" ··················· 101

附表 ·· 102
   附表1 中国各地方绿色建筑行动方案内容简表 ··············· 102
   附表2 英国绿色建筑政策法规体系 ···················· 109
   附表3 英国常用绿色建筑测算工具和评价标准列表 ············· 111

附录 美国《能源政策法案》解读 ·························· 114

参考文献 ·· 116

第1章 世界绿色建筑发展概况

1.1 绿色建筑的内涵

20世纪60年代出现了"生态建筑"新理念,美籍意大利建筑师保罗·索勒瑞(Paolo Soleri)首次将生态与建筑合称为"生态建筑"[1],这是绿色建筑概念的萌芽。70年代,由于能源危机,建筑节能被提上日程,低能耗建筑先后在各国出现,各国形成了"节能建筑"风潮。80年代,节能建筑体系逐渐完善并开始应用。此后,部分欧洲国家开始提出"可持续建筑"(Sustainable Building)的概念,日本开始提"环境共生建筑",北美国家更多提的是"绿色建筑"(Green Building)。由于"绿色"在国际上已成为地球环保的代名词,"绿色消费"、"绿色生活"、"绿色照明"已成为民众朗朗上口的时髦用语,因此在美洲、澳大利亚、东亚国家,大多使用"绿色建筑"作为生态、环保、可持续建筑的通称。直到1992年,联合国环境与发展大会上,与会者第一次比较明确地提出"绿色建筑"的概念。

今天的绿色建筑,与过去的"节能建筑"、"生态建筑",在环保尺度上已是截然不同的层级。它已经不是"采菊东篱下、悠然见南山"的浪漫诗歌,而是彻底从地球温暖化、臭氧层破坏、热带雨林枯竭、资源短缺、生物多样化环境等地球尺度,来塑造整体建筑文化的环保生活哲学[2]。

从世界范围来看,绿色建筑全方位体现了"节约能源、节约资源、保护环境、以人为本的基本理念",已在全球范围内成为建筑发展的主流方向[3]。我国《绿色建筑评价标准》GB/T 50378—2006中将"绿色建筑"定义为在建筑的全寿命周期内,最大限度地节约资源(节能、节地、节水、节材),保护环境和减少污染,为人们提供健康、适用和高效的使用空间,与自然和谐共生的建筑[4]。

1.2 世界绿色建筑发展趋势

从20世纪90年代至今,绿色建筑逐渐由建筑设计扩展到环境评估、区域规划等多领域,由建筑个体、单纯技术应用上升到区域、产业发展层面,从行业自发行为发展为国家战略行为,各国绿色建筑发展方式各有不同,但大都具有以下特征:

(1)从民间自发到政府主导

绿色建筑发展之初主要由一些社会组织进行推动(如美国绿色建筑委员会、澳大利亚绿色建筑委员会等),但随着节能环保的重要性逐渐被认知,各国政府都将绿色建筑作为建筑领域节能减排的重要手段,制定了绿色建筑激励政策和强制政策。例如:英国以"国际条约+自主立法"为主要形式,制订了一整套有机联系且相当完备的绿色建筑政策法规体系；美国通过强制性法律法规、灵活的激励政策以及自愿性评价标准相结合的方式推动绿色建筑发展；日本通过出台《节能法》和《低碳城市推广法》等法律法规明确了绿色建筑的发展方向和要求；新加坡和中国台湾地区都由政府或行政机构制定了详细的绿色建筑发展规划，充分发挥了政府的引导和推动作用。

（2）从个别示范到规模化推进

自20世纪60～70年代开始，许多国家都通过试点示范的方式进行了绿色建筑的探索与实践，当绿色建筑节约资源、能源和减轻环境影响的优势得到广泛共识后，各国都开展了大范围的绿色建筑推广工作，如美国加利福尼亚州率先出台了绿色建筑相关政策文件，之后逐步过渡到联邦层面；新加坡和中国台湾等国家和地区充分发挥了政府或行政机构的推动作用，在经过一段时间示范后，果断将绿色建筑作为了今后建筑业的发展和转型的方向，实现了从概念、理论到大范围推广的快速过渡。

（3）从单一领域到多领域综合发展

1990年，英国制定了世界上第一个绿色建筑评价体系BREEAM（Building Research Establishment Environmental Assessment Method）后，很多国家及地区也相继推出了各自的绿色建筑评价体系，并将其作为推动绿色建筑发展的最有效工具。同时，评价对象由最初的新建公共建筑和居住建筑扩大到工业、酒店、医院、学校、数据中心等不同的建筑类型和建筑改造；随着绿色建筑内涵不断发展，更多的评价内容被纳入了评价体系，如生态平衡、人文关怀等。此外，除传统的"四节一环保"外，有些国家和地区还结合相关产业的发展方向，将其纳入绿色建筑评价体系，扩大了绿色建筑的内涵。如中国台湾结合其在信息技术产业方面的优势，提出了"智慧绿建筑的概念"，并将其作为下阶段绿色建筑发展方向（见图1-1）。

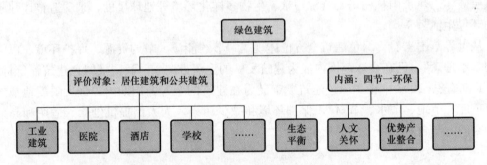

图1-1 绿色建筑评价内容及内涵发展示意图

（4）从技术提升到产业发展

通过多年发展，各国绿色建筑技术都在不断创新，并无一例外地逐渐从发展专项技术，到完善集成技术，有效带动了从金融投资、产品研发、生产和运输、设计、开发、建造、运营管理等各环节形成的产业链发展（见图1-2），为绿色建筑的实施提供了全方位技术支持，对推动整个产业的转型升级起到了重要作用。

综上所述，绿色建筑在节约资源、能源，减轻环境影响方面的重要作用已在世界范围内得到共识，很多国家都将其作为建筑业发展的新方向加以大力推进，但发展路径却各有特色，充分体现了绿色建筑"因地制宜"的灵魂思想。

第1章 世界绿色建筑发展概况

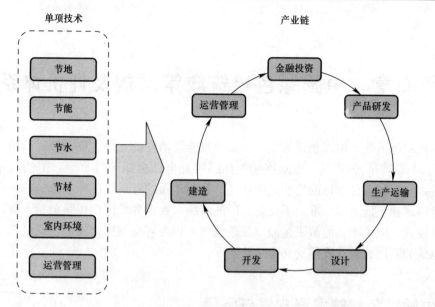

图 1-2 绿色建筑从单向技术创新到全产业链发展

第 2 章 中国绿色建筑政策法规及评价体系

我国是能源消耗大国，建筑与工业、交通是能源消耗的三个主要领域。目前，我国每年约新建 20 多亿 m^2 的建筑，建筑终端能耗已接近全社会能耗的 30%，节能减排压力很大。同时，与气候条件相近的发达国家相比，我国建筑的舒适标准比较低。如何在节能减排的同时提高建筑舒适度标准，不仅是我国的难题，在世界范围内也是前所未有。转变城镇化发展模式，成为唯一的解决途径。绿色建筑，作为转变城镇化发展模式最基本的元素之一，也成为我国建筑业发展的必由之路。

2.1 中国绿色建筑发展背景与历程

中国绿色建筑的发展大致经历了四个阶段，具体如下：

第一阶段（2004 年以前）：绿色建筑以科研院所、高校等的研究和推动为主。

从 20 世纪 90 年代开始，绿色建筑概念开始引入中国，绿色建筑相关的技术、评价体系等研究也逐渐兴起，但仍以学术界活动为主。国家开展了绿色建筑的攻关项目——"绿色建筑关键技术研究"，包括"绿色建筑的规划设计导则和评估体系研究"、"绿色建筑水的综合利用关键技术研究"、"降低建筑能耗的综合关键技术研究"等多项绿色建筑技术研究课题。2001 年《绿色生态住宅小区建设要点与技术导则》、《中国生态住宅技术评估手册》出版，2003 年《绿色奥运建筑评估体系》发布，这些都为绿色建筑的发展奠定了坚实的技术基础。

同时，国家颁布的《中华人民共和国可再生能源法》（主席令第三十三号）、《中华人民共和国节约能源法》（主席令第七十七号），为推进建筑节能、可再生能源应用以及绿色建筑的发展提供了法律依据和基础。

第二阶段（2004~2008 年）：绿色建筑以政府支持和科研机构的研究为主。

在这一阶段，国家颁布了《民用建筑节能条例》（国务院令第 530 号）和《公共机构节能条例》（国务院令第 531 号），这是为推进建筑节能、发展绿色建筑而制订的法律法规。为有效落实国家政策，住房和城乡建设部也先后出台了《民用建筑节能管理规定》、《民用建筑工程节能质量监督管理办法》、《公共建筑室内温度控制管理办法》、《民用建筑能效测评标识技术导则》等文件。上述法规规章主要从能源利用的角度对建筑的建设和运行提出要求，从中也可以看出节能在中国绿色建筑发展中所占据的重要地位。

在管理制度方面，住房和城乡建设部先后出台了《全国绿色建筑创新奖管理办法》（建科函〔2004〕183 号）、《全国绿色建筑创新奖实施细则（试行）》（建科〔2004〕177 号）、《绿色建筑评价标识管理办法（试行）》（建科〔2007〕206 号）等管理文件；依照上述文件要求，受住房和城乡建设部委托，住房和城乡建设部科技发展促进中心也发布了《绿色建筑评价标识实施细则（试行）》文件。上述管理文件为绿色建筑评价标识工作的实施做好了政策铺垫，使得后续的绿色建筑评价标识工作得以顺利开展。

在技术标准体系建设方面，2006年国家科技攻关计划课题"绿色建筑规划设计导则及评估体系研究"通过验收。2005年10月起，住房和城乡建设部先后编制了《绿色建筑技术导则》、《绿色建筑评价标准》、《绿色建筑评价技术细则（试行）》等绿色建筑技术标准文件，推动了绿色建筑技术标准的发展。

在科研方面，2006年国家科技攻关计划课题"绿色建筑规划设计导则及评估体系研究"通过验收。"十一五"国家科技支撑计划中，也开展了"绿色建筑全生命周期设计关键技术研究"、"绿色建筑设计与施工的标准规范研究"等相关课题研究。2005年3月，首届国际智能与绿色建筑技术研讨会在北京召开，对于节能与绿色建筑的宣传和推广起到了很好的桥梁和纽带作用。

第三阶段（2008～2011年）：绿色建筑的推动不仅限于政府和科研机构，拓展到了一些有前瞻性的开发商、业主和设计机构。

2008年4月，住房和城乡建设部科技发展促进中心成立了绿色建筑评价标识管理办公室，主要负责绿色建筑评价标识的管理工作，受理绿色建筑评价标识，指导一、二星级绿色建筑评价标识活动。自此，绿色建筑评价标识工作得以实质性开展。

这一阶段，在管理制度方面，住房和城乡建设部发布了《一二星级绿色建筑评价标识管理办法（试行）》（建科〔2009〕109号）。依照上述文件要求以及后续的工作实践，受住房和城乡建设部委托，住房和城乡建设部科技发展促进中心也相继发布了《绿色建筑评价标识实施细则（试行修订）》（建科综〔2008〕61号）、《绿色建筑评价标识使用规定（试行）》（建科综〔2008〕61号）、《绿色建筑评价标识专家委员会工作规程（试行）》（建科综〔2008〕61号）、《关于开展一二星级绿色建筑评价标识培训考核工作的通知》（建科综〔2009〕31号）等文件，从而形成了绿色建筑相关的系列管理制度。上述管理文件为绿色建筑评价标识工作的实施做好了政策铺垫，使得评价标识工作得以顺利开展。而一二星级相关管理文件则为评价标识工作从中央到地方的推广铺平了道路，使地方一二星级评价标识工作的开展有所依据，从而推动了全国绿色建筑评价标识工作的大范围快速发展。

在技术标准体系建设方面，结合评价标识工作实践，住房和城乡建设部先后编制了《绿色建筑评价技术细则补充说明（规划设计部分）》、《绿色建筑评价技术细则补充说明（运行使用部分）》等绿色建筑技术文件，组织编制了《绿色建筑设计标准》、《绿色建筑施工标准》、《绿色办公建筑评价标准》等一系列标准，逐渐完善绿色建筑相关技术标准体系。这些技术标准体系的逐步建立，为中国绿色建筑评价标识工作的开展打下了扎实的理论和技术基础。与此同时，《绿色建筑评价技术指南》等相关技术书籍也陆续出版，总结了中国绿色建筑建设和评价实践经验和成果，指导中国绿色建筑的建设。

第四阶段（2011～2014年初）：国家采取"激励"与"强制"相结合的方式开始大规模推动绿色建筑发展。

2011年初，国家对发展绿色建筑提出了明确要求，要从群众的切身利益和国家的长远利益出发，将其作为转变建筑业发展方式和城乡建设模式的重大问题，在我国加快推进工业化、城镇化和新农村建设的关键时期抓住机遇。据此，住房和城乡建设部会同相关部委从规划、法规、技术、标准、设计等方面开展研究，全面推进绿色建筑发展。

在政策法规方面，2012年国家财政部、住房城乡建设部联合发布了《关于加快推动我国绿色建筑发展的实施意见》（财建〔2012〕167 号），住房城乡建设部发布了《关于印发"十二五"建筑节能专项规划的通知》（建科〔2012〕72 号），2013 年国务院办公厅发布了《关于转发发展改革委 住房城乡建设部绿色建筑行动方案的通知》（国办发〔2013〕1 号），住房城乡建设部发布了《关于印发"十二五"绿色建筑和绿色生态城区发展规划的通知》（建科〔2012〕53 号）等一系列加快推进绿色建筑的政策文件，明确了我国绿色建筑发展目标与重点任务，采取"强制"与"激励"相结合的方式推进绿色建筑发展的局面基本形成。各地为贯彻国家文件精神，结合当地实际情况，相继颁布了地方绿色建筑行动方案，明确了地方绿色建筑的发展目标和要求，出台了推进绿色建筑发展的配套政策。

在技术标准方面，针对绿色办公、绿色工业、绿色医院、绿色商店、绿色饭店、绿色博览等不同类型建筑的评价标准相继编制，针对设计、施工等不同建设阶段的标准规范陆续出台，22 个省市结合当地实际情况颁布了绿色建筑地方标准，涵盖不同建筑类型、不同地域特点、全寿命期的绿色建筑标准体系逐步完善。

在能力建设与宣传方面，住房城乡建设部先后举办了 5 次全国绿色建筑评价标识培训和 9 届国际智能与绿色建筑大会，地方一二星级绿色建筑评价标识评审机构基本覆盖全国，各地积极开展针对评审专家和从业人员的专业培训和推进会，并通过组织丰富多彩的活动积极宣传绿色建筑理念，普及绿色建筑知识。

在社会认识方面，许多企业将发展绿色建筑作为企业转型和彰显社会责任的主要手段之一，提出了企业绿色发展战略，明确了绿色建筑的发展目标和要求，建立了企业的绿色管理制度。从业人员对绿色建筑技术应用的认识由初期单纯注重新技术新产品的堆砌，逐渐转变为对"被动技术优先、主动技术优化"、"因地制宜"等设计理念和精细化要求的提升。房屋使用者感受到了绿色建筑带来的健康舒适、节能环保，绿色建筑的市场需求逐步显现。此外，中国绿色建筑的发展也越来越受到美国、英国、澳大利亚、新加坡、日本等绿色建筑发展较早国家的关注，积极加强与我国的交流与合作，中国香港、中国台湾等地区也相继举办了大陆绿色建筑发展与评价标识的宣传交流活动。

从以上发展历程可以看出，以建筑节能为工作基础，在政府相关部门、科研技术单位、房产开发单位以及社会公众各方的共同努力下，我国绿色建筑的政策体系和技术标准体系已初步形成，并不断完善，"千军万马促绿建"的情景已出现。

2.2　中国绿色建筑主要法律法规及政策

2.2.1　绿色建筑法律基础

目前，我国尚未针对绿色建筑出台专门的法律法规，但为贯彻我国节约资源、保护环境和可持续发展的国策，全国人民代表大会、国务院相继发布了《中华人民共和国节约能源法》、《中华人民共和国建筑法》、《中华人民共和国可再生能源法》、《民用建筑节能条例》、《公共机构节能条例》等法律法规，结合我国国情，对国家的能源发展战略、可再生能源利用、建筑节能等提出了具体要求，并建立了较为完善的工程建设监管程序和建筑节能制度，为我国进一步发展绿色建筑奠定了坚实的法律基础，形成了良好的外部环境。

(1)《中华人民共和国节约能源法》（中华人民共和国主席令第七十七号）

该法于1998年1月1日起施行。期间曾于2007年10月28日由第十届全国人民代表大会常务委员会第三十次会议进行了修订，现行法律自2008年4月1日起施行。该法共7章87条内容，第三章专门对建筑节能进行了规定，明确了国家和地方相关主管部门在建筑节能方面的监管职责，提出了建设、设计、施工、监理和房地产开发企业的法律责任，并对公共建筑室内温度控制制度的建立、分户计量、既有建筑节能改造、城市节约用电管理、新型墙体材料应用和可再生能源利用等提出了具体要求。这些要求都为绿色建筑的发展打下了基础。

(2)《中华人民共和国建筑法》（中华人民共和国主席令第四十六号）

该法于1998年3月1日起施行。期间曾于2011年4月22日由第十一届全国人大常委会第20次会议进行了修订，现行法律自2011年7月1日起施行。该法共8章85条内容，对建筑许可、建筑工程发包与承包、建筑工程监理、建筑安全生产管理和建筑工程质量管理等做出了规定，明确了各相关部门的法律责任和工作程序，建立了我国工程建设管理的基本程序，为国家和地方相关部门开展工程建设监管提供了法律依据。同时为建筑节能与绿色建筑工程质量提供了基本保障。

(3)《中华人民共和国可再生能源法》（中华人民共和国主席令第三十三号）

该法于2006年1月1日起施行。该法共8章33条内容，对可再生能源的资源调查与发展规划、产业指导与技术支持、推广与应用、价格管理与费用分摊、经济激励与监督措施等提出了具体要求，并明确了各部门职责，对各行业、各部门开展可再生能源的推广和应用等工作起到了统筹作用。

(4)《民用建筑节能条例》（国务院令第530号）

该条例于2008年10月1日起施行。该条例共6章45条内容，对新建建筑节能、既有建筑节能和建筑用能系统运行节能提出了较为具体的要求，并明确了相关部门的工作要点和法律责任。该条例第一次从法规层面明确了对建筑业节能减排的要求。

(5)《公共机构节能条例》（国务院令第531号）

该条例于2008年10月1日起施行。该条例共6章43条内容，对公共机构的节能规划、节能管理、节能措施、监督和保障提出了要求，并明确了各部门职责。为后续绿色建筑在政府办公类建筑的强制实施奠定了基础。

2.2.2 国家绿色建筑政策文件

2010年发布的《中华人民共和国国民经济和社会发展第十二个五年规划纲要》中明确提出"建筑业要推广绿色建筑、绿色施工，着力用先进建造、材料、信息技术优化结构和服务模式"，国务院和政府相关部门陆续颁布了推进绿色建筑发展的政策文件，将发展绿色建筑作为促进我国城镇化发展模式和建筑行业发展方式转变的主要途径之一，基本形成了采取"强制"与"激励"相结合的方式大规模推进绿色建筑发展的新局面。

(1)国务院关于印发《"十二五"节能减排综合性工作方案》的通知（国发〔2011〕26号）

为确保实现"十二五"节能减排约束性目标，缓解资源环境约束，应对全球气候变化，促进经济发展方式转变，建设资源节约型、环境友好型社会，增强可持续发展能力，根据《中华人民共和国国民经济和社会发展第十二个五年规划纲要》，国务院于2011年8月31日发布《"十二五"节能减排综合性工作方案》。该方案提出要开展绿色建筑行动，从规划、法规、技术、标准、设计等方面全面推进建筑节能，提高建筑能效水平；加强新区绿色规划，重点推动各级机关、学校和医院建筑，以及影剧院、博物馆、科技馆、体育馆等执行绿色建筑标准；在商业房地产、工业厂房中推广绿色建筑；并明确城镇新建绿色建筑标准执行率要从2010年的1%提升至2015年的15%。

（2）国务院办公厅关于转发发展改革委 住房城乡建设部《绿色建筑行动方案》的通知（国办发〔2013〕1号）

为深入贯彻落实科学发展观，切实转变城乡建设模式和建筑业发展方式，提高资源利用效率，实现节能减排约束性目标，积极应对全球气候变化，建设资源节约型、环境友好型社会，提高生态文明水平，改善人民生活质量，国务院办公厅于2013年1月1日转发发展改革委和住房城乡建设部《绿色建筑行动方案》（见图2-1）。该方案提出了我国"十二五"期间绿色建筑的发展目标，即完成新建绿色建筑10亿 m^2；到2015年末，20%的城镇新建建筑达到绿色建筑标准要求；政府投资的国家机关、学校、医院、博物馆、科技馆、体育馆等建筑，直辖市、计划单列市及省会城市的保障性住房，以及单体建筑面积超过2万 m^2 的机场、车站、宾馆、饭店、商场、写字楼等大型公共建筑，自2014年起全面执行绿色建筑标准，并明确了推动绿色建筑发展的十大重点任务：切实抓好新建建筑节能工作、大力推进既有建筑节能改造、开展城镇供热系统改造、推进可再生能源建筑规模化应用、加强公共建筑节能管理、加快绿色建筑相关技术研发推广、大力发展绿色建材、推动建筑工业化、严格建筑拆除管理程序、推进建筑废弃物资源化利用。

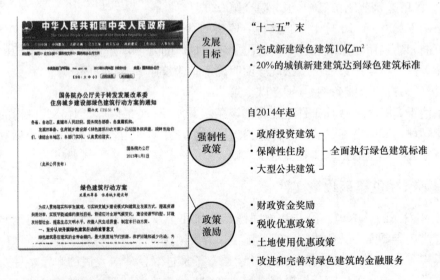

图2-1 《绿色建筑行动方案》主要内容

（3）住房和城乡建设部《关于加快推动我国绿色建筑发展的实施意见》（财建〔2012〕167号）

按照《国务院关于印发"十二五"节能减排综合性工作方案的通知》（国发〔2011〕26号）统一部署，为进一步深入推进建筑节能，加快发展绿色建筑，促进城乡建设模式转型升级，住房和城乡建设部于 2012 年 4 月 27 日发布《关于加快推动我国绿色建筑发展的实施意见》（见图 2-2）。该文件指出到 2020 年，绿色建筑占新建建筑比重超过 30%；"十二五"期间，以新建单体建筑评价标识推广、城市新区集中推广为手段，实现绿色建筑的快速发展，到 2014 年政府投资的公益性建筑和直辖市、计划单列市及省会城市的保障性住房全面执行绿色建筑标准，力争到 2015 年，新增绿色建筑面积 10 亿 m² 以上，并提出应从以下几个方面推动绿色建筑发展：

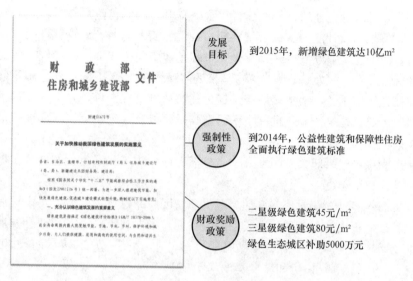

图 2-2 《关于加快推动我国绿色建筑发展的实施意见》主要内容

1) 建立健全绿色建筑标准规范及评价标识体系，引导绿色建筑健康发展。
2) 建立高星级绿色建筑财政政策激励机制，引导更高水平绿色建筑建设。对高星级绿色建筑给予财政奖励，2012 年奖励标准为：二星级绿色建筑 45 元/m²（建筑面积，下同），三星级绿色建筑 80 元/m²。
3) 推进绿色生态城区建设，规模化发展绿色建筑。中央财政对经审核满足一定条件的绿色生态城区给予资金定额补助，资金补助基准为 5000 万元。
4) 引导保障性住房及公益性行业优先发展绿色建筑，使绿色建筑更多地惠及民生。
5) 大力推进绿色建筑科技进步及产业发展，切实加强绿色建筑综合能力建设。

（4）住房和城乡建设部关于印发《"十二五"建筑节能专项规划》的通知（建科〔2012〕72 号）

根据《中华人民共和国国民经济和社会发展第十二个五年规划纲要》和国家"十二五"期间节能减排工作的有关要求，在认真总结建筑节能工作取得的成就和经验、深入分析当前和今后一个时期建筑节能和绿色建筑工作面临的形势和任务的基础上，住房和城乡建设部于 2012 年 5 月 9 日发布《"十二五"建筑节能专项规划》。该规划指出要积极推进绿色规划、大力促进城镇绿色建筑发展、严格绿色建筑建设全过程监督管理、积极推进不同行业绿色建筑发展。在"十二五"期间建设 100 个以规模化推进绿色建筑为主的绿色生态城（区）；政府投资的办公建筑和公益性公共建筑，直辖市、计划单列市及省会城市建设的保障性住房，以及单体建筑面积超过 2 万 m² 的大型公共建筑，2014 年起执行绿色建筑标准；到规划期末部分省市新建房地产项目50％达到绿色建筑标准。

（5）科技部关于印发《"十二五"绿色建筑科技发展专项规划》的通知（国科发计〔2012〕692号）

为全面推进我国绿色建筑科技与产业又快又好发展，依据《国家中长期科学和技术发展规划纲要（2006-2020年）》和《国家"十二五"科学和技术发展规划》，科技部于2012年5月24日发布《"十二五"绿色建筑科技发展专项规划》。该规划指出"十二五"期间，依靠科技进步，推进绿色建筑规模化建设，显著提升我国绿色建筑技术自主创新能力，加速提升绿色建筑规划设计能力、技术整装能力、工程实施能力、运营管理能力，提升产业核心竞争力，改变建筑业发展方式。突破一批绿色建筑关键技术，建立较完备的绿色建筑评价技术和标准体系，研发一批绿色建筑新产品、新材料、新工艺及新型施工装备，推动绿色建筑规模化应用示范，组建多层级的绿色建筑技术研发平台，并将开展绿色建筑共性关键技术研究、绿色建筑产业化推进技术研究与示范以及绿色建筑技术标准规范和综合评价服务体系研究作为重点工作任务。

（6）住房和城乡建设部关于印发《"十二五"绿色建筑和绿色生态城区发展规划》的通知（建科〔2013〕53号）

为深入贯彻落实科学发展观，推动绿色生态城区和绿色建筑发展，建设资源节约型和环境友好型城镇，实现美丽中国、永续发展的目标，根据《国民经济和社会发展第十二个五年规划纲要》、《节能减排"十二五"规划》、《"十二五"节能减排综合性工作方案》、《绿色建筑行动方案》等，住房和城乡建设部于2013年4月3日发布《"十二五"绿色建筑和绿色生态城区发展规划》。该规划指出"十二五"期间全国应实施100个绿色生态城区示范建设。选择100个城市新建区域（规划新区、经济技术开发区、高新技术产业开发区、生态工业示范园区等）按照绿色生态城区标准规划、建设和运行；政府投资的党政机关、学校、医院、博物馆、科技馆、体育馆等建筑，直辖市、计划单列市及省会城市建设的保障性住房，以及单体建筑面积超过2万m^2的机场、车站、宾馆、饭店、商场、写字楼等大型公共建筑，2014年起率先执行绿色建筑标准；引导商业房地产开发项目执行绿色建筑标准，鼓励房地产开发企业建设绿色住宅小区，2015年起，直辖市及东部沿海省市城镇的新建房地产项目力争50％以上达到绿色建筑标准，并将推进绿色生态城区建设、着力进行既有建筑节能改造、推动老旧城区的生态化更新改造、大力发展绿色农房、加快发展绿色建筑产业和推动绿色建筑规模化发展作为重点工作任务。

（7）《住房城乡建设部关于保障性住房实施绿色建筑行动的通知》（建办〔2013〕185号）

根据《国务院办公厅关于转发发展改革委 住房城乡建设部绿色建筑行动方案的通知》（国办发〔2013〕1号）要求，积极推进在保障性住房建设中实施绿色建筑行动，住房和城乡建设部于2013年12月16日发布《住房城乡建设部关于保障性住房实施绿色建筑行动的通知》。该通知要求各地要本着经济、适用、环保、安全、节约资源的原则，统一规划，精心组织，分步实施。2014年起直辖市、计划单列市及省会城市市辖区范围内的保障性住房，同时具备以下条件的，应当率先实施绿色建筑行动，至少达到绿色建筑一星级标准：1）政府投资，2）2014年及以后新立项，3）集中兴建且规模在2万m^2以上，4）公共租赁住房（含并轨后的廉租住房）。各地主管部门还应完善实施机制、明确各方主体责任、加强宣传和指导。

2.2.3 地方绿色建筑政策法规

为贯彻落实国家文件中提出的目标和要求,许多省市都陆续出台了地方"绿色建筑行动方案"(见附表1)和其他加快推动绿色建筑发展的政策文件,提出了绿色建筑的总体发展目标,并明确了针对不同星级绿色建筑的激励性政策和针对不同建筑类型的强制性政策。在激励方面,通过制定财政奖励、城市基础设施配套费减免、新型墙体材料专项基金返还、容积率奖励、建筑面积奖励、行政审批程序简化、建筑奖项优先参评、企业评级加分、表彰奖励等激励措施,调动各方建设绿色建筑的积极性。在强制方面,各地结合实际情况对所有新建建筑、主城区公共建筑、政府投资建筑、大型公共建筑、公益性建筑、保障性住房或大型住宅小区提出了不同的强制性要求。同时,部分地区正在积极开展研究与实践,探索强制推行绿色建筑制度的实施方案。其中,北京市和江苏省编制绿色建筑设计标准和施工图审查要点,将绿色建筑相关内容纳入施工图审查加以强制;重庆市将绿色建筑要求纳入建筑节能标准进行强制实施;江苏省拟在现行施工图审查程序中增设绿色建筑审查内容,以保障绿色建筑强制要求得到落实;武汉市、秦皇岛市、长沙市也正在开展将绿色建筑基本要求纳入现行工程建设管理程序进行强制实施的相关研究与实践。

2.3 中国绿色建筑评价体系

2006年3月,国家标准《绿色建筑评价标准》GB/T 50378—2006发布。本标准是我国为贯彻落实完善资源节约标准的要求,总结我国绿色建筑实践经验和研究成果,借鉴国际先进经验制定的第一部多目标、多层次的绿色建筑综合评价标准,由节地与室外环境、节能与能源利用、节水与水资源利用、节材与材料利用、室内环境质量和运营管理六类指标组成。每类指标包括控制项、一般项与优选项。绿色建筑应满足针对住宅建筑或公共建筑的所有控制项要求,并按满足一般项数和优选项数的程度,划分为三个等级,等级划分按表2-1和表2-2确定。当本标准中某条文不适应建筑所在地区、气候与建筑类型等条件时,该条文可不参与评价,参评的总项数相应减少,等级划分时对项数的要求可按原比例调整确定。定性条款的评价结论为通过或不通过;对有多项要求的条款,各项要求均满足时方能评为通过。绿色建筑的评审分为设计和运营两个阶段,项目通过评审后可分别获得"绿色建筑设计评价标识"或"绿色建筑评价标识"(见图2-3)。同时,在总结绿色建筑评价工作实践经验的基础上,我国于2012年启动了对《绿色建筑评价标准》的修订工作,并于2013年通过审查,上报主管部门报批。

划分绿色建筑等级的项数要求(住宅建筑)　　　　表2-1

等级	一般项数(共40项)						优选项数(共9项)
	节地(共8项)	节能(共6项)	节水(共6项)	节材(共7项)	室内环境(共6项)	运营管理(共7项)	
★	4	2	3	3	2	4	—
★★	5	3	4	4	3	5	3
★★★	6	4	5	5	4	6	5

划分绿色建筑等级的项数要求（公共建筑）　　　　　表 2-2

等级	一般项数（共43项）						优选项数（共14项）
	节地（共6项）	节能（共10项）	节水（共6项）	节材（共8项）	室内环境（共6项）	运营管理（共7项）	
★	3	4	3	5	3	4	—
★★	4	6	4	6	4	5	6
★★★	5	8	5	7	5	6	10

图 2-3　绿色建筑评价标识

绿色建筑评价标识申报程序和要求如下：

（1）申报主体：绿色建筑评价标识应由业主单位或房地产开发单位提出申请，鼓励设计单位、施工单位和物业管理等相关单位共同参与申报。

（2）申报条件：申请"绿色建筑设计评价标识"的住宅建筑和公共建筑，应当完成施工图设计并通过施工图审查、取得施工许可，符合国家基本建设程序和管理规定，以及相关的技术标准规范。申请"绿色建筑评价标识"的住宅建筑和公共建筑，应当通过工程质量验收并投入使用一年以上，符合国家相关政策，未发生重大质量安全事故，无拖欠工资和工程款。

（3）申报材料：申报单位应当提供真实、完整的申报材料，填写评价标识申报书，提供工程立项批件、申报单位的资质证书，工程用材料、产品、设备的合同的证书、检验报告等材料，以及必需的规划、设计、施工、验收和运营管理资料。

（4）申报程序：开展绿色建筑评价标识工作应该按照规定的程序，科学、公正、公开、公平地进行。根据《绿色建筑评价标识管理办法（试行）》和《一二星级绿色建筑评价标识管理办法（试行）》的规定，不同阶段、不同星级的绿色建筑评价标识申报流程主要包括五个环节：1）申报单位提交申报材料；2）绿色建筑评价标识管理机构开展形式审查；3）专业评价和专家评审（有些管理机构尚未开展专业评价）；4）各地应及时将通过评审项目的相关材料（纸质文件和电子版各一份）报住房和城乡建设部公示（备案）；5）通过评审的项目由住房和城乡建设部统一编号进行公告，绿色建筑评价标识管理机构按照编号和统一规定的内容、格式，制作、颁发证书和标志。

2.3.1　中国绿色建筑评价标准体系

为了解决现行绿色建筑标准体系对不同建筑类型存在的不兼容性，除了修订国家标准《绿色建筑评价标准》GB/T 50378 外，针对不同建筑类型和全寿命周期内不同阶段的评价，住房和城乡建设部陆续启动了相关评价标准和技术文件的编写工作。截至 2013 年底《绿色工业建筑评价标准》GB/T 50878—2013、《绿色办公建筑评价标准》GB/T 50908—2013、《建筑工程绿色施工评价标准》GB/T 50640—2010、《民用建筑绿色设计规范》JGJ/T 229—2010、《绿色超高层建筑评价技术细则》、《绿色保障性住房技术导则（试行）》已颁布，《绿色医院建筑评价标准》、《绿色商店建筑评价标准》已完成送审稿，《既有建筑改造绿色评价标准》已完成征求意见稿，《绿色饭店建筑评价标准》、《绿色博览建筑评价标准》、《绿色铁路客站评价标准》、《绿色数据中心评价技术细则》正在编写,《绿色校园评价标准》、《绿色生态城区评价标准》、《绿色建筑运行维护技术规范》已列入住房城乡建设部2014年标准规范制定计划(见图2-4)。

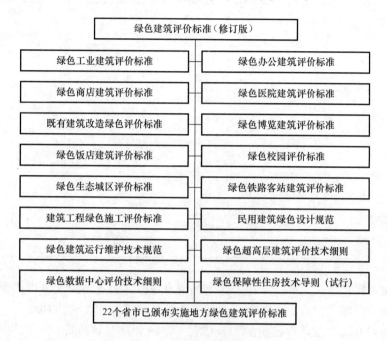

图2-4 绿色建筑评价标准体系

此外,地方住房城乡建设主管部门依据国家《绿色建筑评价标准》,结合本地资源、气候、经济、文化等实际情况,组织编写了更加适宜地方特点的绿色建筑评价地方标准,截至2013年底已有22个省市颁布实施了地方标准(见表2-3),甘肃省、黑龙江省等9个省市的地方标准正在编制中。部分地区正在尝试制定涵盖全寿命期的绿色建筑标准,例如重庆市出台了《绿色建材评价标准》、吉林省出台了《吉林省绿色建筑工程定额》、北京市和福建省出台了《绿色建筑设计标准》、安徽省出台了《安徽省绿色建筑施工导则》、福建省出台了《福建省绿色建筑检测及运营技术规程》等。适合不同建筑类型、不同气候区、涵盖全寿命期的绿色建筑标准体系逐步建立。

地方绿色建筑评价标准　　　　　　　　　　　　表2-3

序号	地区	地方评价标准名称	实施日期
1	浙江	《浙江省绿色建筑评价标准》	2008-01-01
2	广西	《广西绿色建筑评价》	2009-02-23
3	江苏	《江苏省绿色建筑评价标准》	2009-04-01
4	深圳	《深圳市绿色建筑评价规范》	2009-09-01
5	重庆	《重庆市绿色建筑评价标准》	2010-02-01
6	福建	《福建省绿色建筑评价标准》	2010-03-01
7	江西	《江西省绿色建筑评价标准》	2010-03-25
8	天津	《天津市绿色建筑评价标准》	2011-01-01
9	湖南	《湖南省绿色建筑评价标准》	2011-01-01
10	河北	《河北省绿色建筑评价标准》	2011-03-01

续表

序　号	地区	地方评价标准名称	实施日期
11	广东	《广东省绿色建筑评价标准》	2011-07-15
12	北京	《北京市绿色建筑评价标准》	2011-12-01
13	上海	《上海市绿色建筑评价标准》	2012-01-01
14	河南	《河南省绿色建筑评价标准》	2012-01-01
15	山东	《山东省绿色建筑评价标准》	2012-03-01
16	海南	《海南省绿色建筑评价标准》	2012-06-12
17	吉林	《吉林省绿色建筑评价标准》	2012-10-06
18	青海	《青海省绿色建筑评价标准》	2012-10-17
19	辽宁	《辽宁省绿色建筑评价标准》	2012-09-12
20	四川	《四川省绿色建筑评价标准》	2012-11-01
21	云南	《云南省绿色建筑评价标准》	2013-08-01
22	贵州	《贵州省绿色建筑评价标准》	2013-12-01

为加快推进绿色建筑的评价工作，住房和城乡建设部通过组织地方推进会，协助地方开展一二星级绿色建筑评价标识工作。此外，为配合培训工作，住房和城乡建设部科技发展促进中心组织具有丰富评审经验的专家编写了《绿色建筑评价标识培训讲义》，并在实践中逐渐完善，于 2010 年 3 月正式出版了《绿色建筑评价技术指南》（见图 2-5），保证培训工作规范开展。

图 2-5 《绿色建筑评价标识培训讲义》和《绿色建筑评价技术指南》[46]

在上述工作的推动下，我国自 2008 年正式开展绿色建筑评价标识的评价认证工作以来，标识项目逐年迅速增加，截至 2013 年底，全国累计评出绿色建筑评价标识项目 1446 项，其中公共建筑 778 项，住宅建筑 655 项，工业建筑 13 项，三星级项目 314 项，二星级项目 625 项，一星级项目 507 项，设计标识 1342 项，运行标识 104 项总建筑面积 16274.08 万 m^2（见图 2-6、图 2-7）。

第 2 章 中国绿色建筑政策法规及评价体系

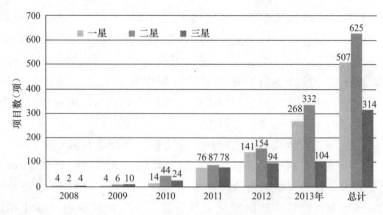

图 2-6 历年绿色建筑评价标识项目数量增长情况

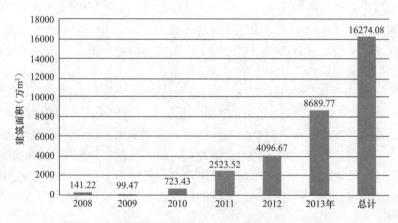

图 2-7 历年绿色建筑评价标识项目建筑面积增长情况

2.3.2 中国绿色建筑评价标识项目案例

山东交通学院图书馆（见图2-8）位于山东省济南市山东交通学院内，其开发单位为山东交通学院，设计单位为清华大学建筑学院。作为国内较早探索绿色生态技术策略并得以实施的项目之一，该项目采用了"简单、适用、有效、经济"的设计策略，在大幅降低建设资源消耗和运行能耗的同时，充分考虑了所用技术的经济性和适宜性，实现了建筑生态性能与经济性之间的平衡。该项目于2009年参加了第一批"绿色建筑评价标识"评价，并获得二星级"绿色建筑评价标识"。

该项目地处寒冷地带，冬季要采暖、夏季要空调，因此采暖、空调是耗能最大的两项内容。拟建地段南敞北收，夏季主导风向为西南风，有一定的风力资源可以

图 2-8 山东交通学院图书馆外观图

利用；同时济南地区属于我国太阳能资源比较丰富的地区，因此太阳能也是该项目可以考虑利用的重要资源。拟建地段的地势北高南低，东高西低，在地段北部由于人为大量挖砂取岩形成一个低洼的水塘，有一定的蓄水量，可改造利用。拟建场地为济南辉长岩分布区，岩体暴露，地下水位层深达数百米，不具备利用地下水或土壤热的条件。岩石风化后，由于人工大量挖取形成地坑并成为城市居民的垃圾填埋场，植被状况很差。综合上述情况，设计团队确定以下6个主要设计策略：

（1）尽量采用被动式构造技术，充分利用济南地区太阳能资源；

（2）充分利用场地的有利地形条件和良好的风环境，加强室内自然通风；

（3）改造北部水塘，使其成为可收集雨水的室外水景观，调节微气候；

（4）重视室外场地和建筑周边的绿化，并通过立体绿化和室内外绿化相结合的办法，改善场地生态环境，提高建筑的舒适性；

（5）针对济南夏热冬冷的气候特点，建筑外围护结构采取保温隔热和遮阳措施；

（6）研究地道风技术用于预冷预热空气的可能。

依据上述设计策略，并考虑到山东交通学院图书馆的建设资金、施工单位的技术水平等实际情况，项目采用了以下简单有效的普通技术：

（1）外围护结构保温隔热技术。根据当地资源，外墙采用240mm厚混凝土墙体加60mm厚膨胀珍珠岩，屋顶采用350mm厚加气混凝土，外窗采用中空塑钢窗。

（2）遮阳技术。在东、南、西三个不同朝向，分别采用了退台式植物绿化遮阳、水平式遮阳、混凝土花格遮阳墙三种不同的遮阳方式，而在玻璃大厅内采用了内遮阳方式。

（3）自然通风技术。为加强自然通风效果，中庭采用由下往上收缩的剖面形式，并在中庭天窗上增加拔风烟囱，通过风压、热压的耦合强化自然通风（见图2-9）。

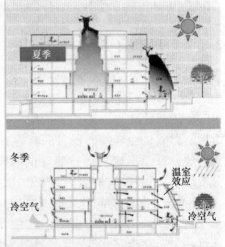

图2-9 自然通风设计

（4）自然采光技术。除了适当加大外窗面积，在中庭、南向玻璃大厅、教师阅览室都充分利用顶部天窗来增加室内照明，减少照明能耗。

（5）地下风道对于新鲜空气进行预冷预热处理。图书馆地面下设置了两条45m长、一条80m长的地道,埋深2m以下,抽取地面新风后,通过地道进行预冷预热处理,降低冬季采暖和夏季空调能耗。

(6) 节水技术。充分利用北部池塘水作为冷却水,收集雨水作为水景用水并循环使用(见图2-10)。

图2-10 图书馆与其周边水池

(7) 立体绿化。在图书馆屋顶栽种小乔木、灌木和花草;室内中庭、玻璃南庭内的绿化调节并改善室内微气候。室外建筑场地实行乔、灌木和花草复层绿化,改善场地的生态环境(见图2-11)。

图2-11 屋顶绿化和建筑周边绿化

(8) 选用高性能水冷空调机组,用湖水代替冷却塔,优化常规能源系统。

(9) 充分利用地方材料,实现土建装修一体化设计,避免装修时材料浪费,室内装修采用素混凝土柱,节约装修材料。利用现场遗留岩石砌墙、铺路,节约建筑用材。

山东交通学院图书馆建成使用后经过测试,实效显著:

(1) 夏季地道风降温效果显著,测试证明平均降温可达8℃左右,可节约60%~90%新风负荷;

(2) 夏季夜间自然通风可实现热压换气2.5~3.5次/h,蓄冷能力约为90kW;

(3) 湖水冷却效果明显，实测单台冷机制冷量为额定制冷量的 130%，$COP>5.5$；

(4) 空调制冷设备，年均耗电量仅 13.6kWh/m^2；

(5) 冬季采暖可达 7.8kg 标煤/(m^2·年)，高于济南市节能标准 9.8kg 标煤/(m^2·年)。

该项目采用各种适用技术和措施，在一定程度上实现了节能、节水、节地、节材、减少污染、保护生态环境，提高了使用空间的舒适性。在综合运用多项技术措施后，图书馆建成后决算出的单方造价约为 2150 元/m^2，性价比显著，同时也节约了可观的采暖和空调的运营费用[5]。

2.4 中国绿色建筑政策法规及评价体系的特点

2.4.1 中国绿色建筑发展的特点

(1) 政府引导，产学研相结合

中国绿色建筑产业发展至今，遵循的是政府引导、产学研相结合的发展模式。从管理部门来讲，涉及绿色建筑的机构主要包含于建设管理和环境保护管理的相关部门中，这些部门主要负责组织制定和落实相关政策标准，引导和激励绿色建筑产业发展；中国绿色建筑发展初期还主要借助于高校、科研院所等的推动，借鉴国外已有的先进经验，倡导并研究适合中国国情的绿色建筑；随着绿色建筑理念逐渐为公众所知晓，在节能环保的严峻形势和相关管理部门的政策引导下，相关技术、产品公司和房地产开发单位开始将注意力逐渐转向绿色建筑，产学研相结合，科学合理的、因地制宜的、整合型的绿色建筑产业正在逐步形成，绿色建筑事业得以持续发展。

(2) 中央地方联合，推动绿色建筑全面发展

在绿色建筑发展过程中，中央指导地方，地方支持中央，联合推动绿色建筑全面发展。在地方建设主管部门、地方高校和科研院所中，如北京、上海、重庆、深圳等地，都相继开展地方绿色建筑推广工作，包括制定地方绿色建筑设计导则、地方绿色建筑标准、地方绿色建筑评价标准和推进绿色建筑发展政策措施、设立地方组织机构等，这些地方机构着力于推动绿色建筑发展的工作，大大加快了绿色建筑在全国范围的普及。

2.4.2 中国绿色建筑评价标识体系的特点

中国绿色建筑评价标识制度的起步较晚，但正是"他山之石可以攻玉"，一方面有机会充分借鉴国际绿色建筑评价体系架构和评价模式的先进经验，另一方面可结合自身的国情，分析与其他国家在经济发展水平、地理位置和人均资源等条件的差异。和国外绿色建筑评价标识体系相比，中国的"绿色建筑评价标识"体系有以下几个特点：

(1) 政府组织和社会自愿参与

不同国家绿色建筑的评价标识者并不一样：美国 LEED 是由社会组织美国绿色建筑委员会开展的评价和认证行为，是属于社会自发的评价标识活动；日本 CASBEE 是由日本国土交通省组织开展、分地区强制执行的评价标识活动。中国的"绿色建筑评价标识"，一方面是由住房和城乡建设部及其地方建设主管部门进行标识，另一方面委托第三方，如住房和城乡建设部科技与产业化发展中心等机构开展评价。

(2) 符合中国国情

各国建筑行业的情况相差甚大,中国建筑业有以下两个特点:一是由于中国建筑量大,为保证其建设质量,中国建设行业在各个建设环节的监管制度严于他国,并非设计主体和建设主体所在行业自身认可就行,而是基于我国行政管理制度而设立第三方机构进行监管,以确保监督管理的有效性,例如,由专门的审图机关进行施工图审查、专门的监理机构进行竣工验收等;二是建设行业的国家标准或行业标准是结合中国实际建设水平和相关技术应用水平而制定的,这样既保证了标准的可实施性,又可以在此基础上结合国情制定切实可行的指标。

2.4.3 中国绿色建筑发展问题分析与展望

中国绿色建筑发展迅速,但在迅速发展的过程中也逐渐显现出一些问题,需要在后续工作中重点关注并逐步解决。

(1) 绿色建筑发展:地域不平衡现象严重

从目前绿色建筑评价标识项目分布情况看(图2-12)[6],江苏、山东等东部沿海城市发展较快,仅江苏的项目数量就占到全国的1/4,中西部地区项目数量相对较少,绿色建筑发展速度也相对较慢。一方面由于东部沿海地区经济较发达,人民生活水平相对较高,更注重对高品质建筑的追求;另一方面由于该地区绿色建筑起步相对较早,相关技术相对成熟,增量成本相对较低,并通过生态城和可再生能源示范区的建设带动了绿色建筑的发展。因此,还需积极探索,推动中西部地区绿色建筑发展。

图 2-12 绿色建筑发展城市分布情况

（2）绿色建筑标识：实际运营项目数量少

截至 2013 年获得"绿色建筑设计评价标识"的项目数量较多，获得"绿色建筑评价标识"（运行标识）的项目数量却仅占 7% 左右（见图 2-13）。其一，由于早期获得绿色建筑设计标识的项目数量较少，达到竣工一年后申报运行标识条件的项目也将随之逐年增多；其二，项目竣工后项目主体发生改变，特别对于住宅建筑由建设单位转变为物业管理单位，部分物业管理部门因管理水平有限无法满足申报运行标识的要求，且对运行标识持冷漠态度；其三，个别项目申报设计标识仅仅是为了提高项目的销售竞争力，在获得丰硕回报并完成销售任务后，并不再关心后期的实际落实情况。因此，应出台相关政策措施，提高物业管理部门的运行管理水平，鼓励其申报运行标识并给予奖励，同时对明显未按承诺的绿色设计要求对施工建设的开发商给予处罚。

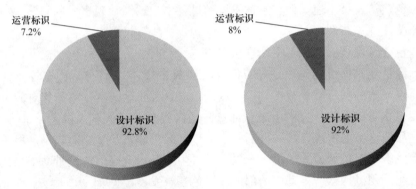

图 2-13　绿色建筑评价标识分类统计（左：按项目数统计，右：按面积统计）

（3）政策：缺乏有效的监管

绿色建筑应注意全过程的监管，如果缺乏有效的监管系统，那么在任何一环未实行绿色建筑建设原则，最终都将导致绿色建筑名不副实。例如，由于绿色建筑的初始投入成本主要由建筑开发商来承担，因此如果监管不力，那么许多建筑商在建房过程中就可能为节省成本而偷工减料改变原设计。因此，如何与现行工程建筑管理程序相结合，对绿色建筑进行全过程监管是需要重点解决的问题。

（4）社会：对绿色建筑认知不足

中国绿色建筑事业虽在近年来迅速发展，但除建设行业外，其他社会行业对它的认知仍然不尽如人意。由于缺乏对绿色建筑深层含义的理解，其他相关行业没有大规模建设及推广绿色建筑的基本知识和主动意识，使得绿色建筑发展的质量和数量都受到限制。加强对其他行业开展绿色建筑的宣传普及，变得比原来更重要更艰难。

（5）市场：供给与需求的脱节

绿色建筑的好处是：不仅可以让入住者享受更健康、适用的生活条件，而且有利于保护生态环境、节约资源能源。按理，绿色建筑作为未来建筑的趋势应越来越受到消费者的青睐。然而，由于我国建筑行业的设计、建造和管理技术水平的滞后，相应的产业链上应该具备的产品和技术都跟不上，使得绿色建筑的优势难以显现。看不到好处，就形不成市场需求，无法带动市场供给的发展。政府如何加强对市场的培育以引导供需产业链的形成，是需要着重解决的问题。

（6）技术体系：缺乏完善精细的技术支撑体系

绿色建筑是一个复杂的系统工程，具有跨专业、多层次和多阶段的特点，强调多学科配合和因地制宜。我国建筑行业的单项技术发展水平尚待提高，集成综合的应用问题更多，这意味着绿色建筑的基础还不扎实。同时，作为技术引导的绿色建筑评价标准体系也存在着更新过慢、完善滞后的问题，这与我国绿色建筑评价体系与建设标准体系的不匹配有很大关系。因此，如何通过改进建设标准体系或改变现行标识制度，解决我国绿色建筑评价体系对绿色建筑发展现状的不适应性，从而推动我国建筑行业集成综合应用技术水平的提高，是非常关键的。

第 3 章 美国绿色建筑政策法规及评价体系

美国是世界上最大的经济体，也是世界能源生产和消费最多的国家。根据美国能源信息署（Energy Information Administration，EIA）数据，2012 年美国能源生产量占世界能源总产量的 13.6％，消费量占世界能源总消费量的 16.4％。同时，建筑业是美国经济的支柱之一，建筑耗能在美国能源消耗中占重要比例。据统计，近年来美国住房每年消耗能源折合约为 3500 亿美元，占能源总消耗量的 40％左右。美国政府深刻认识到建筑节能的重要性和必要性，制定了节能规划，出台了推动绿色建筑发展的政策和措施，取得了明显效益。因此，了解美国绿色建筑发展对我国有着重要的参考意义。

3.1 美国绿色建筑发展背景与历程

20 世纪 70 年代的能源危机，导致了美国经济大衰退，美国国会为此通过了能源政策的立法，其中包括建筑和设备节能的激励政策。如能源部发布了针对新建建筑的国家强制性节能标准和非强制性国家建筑节能示范性标准，美国住房和城市发展部提供了便于独户住宅翻新或装修节省能源的高效率房屋抵押贷款。同时，各州也制定了相应的建筑节能标准。通过相关政策和建筑节能标准的出台，并落实到具体实施工程中，美国建筑节能走上了正轨。

在建筑节能发展的基础上，绿色建筑的概念于 20 世纪 80 年代末期～90 年代初期在美国逐步形成。美国环境保护署（US Environmental Protection Agency，EPA）将绿色建筑定义为：在施工建设和使用过程中实现环境保护和资源高效利用的实践，它贯穿了从选址到设计、施工、运行、维护、改造和拆除的整个建筑的寿命周期。绿色建筑扩展并补充了传统建筑设计中经济性、实用性、耐久性和舒适性等要求，且由于其在节约资源、能源和减轻建筑物对环境影响等方面的优势，得到了美国社会的广泛关注，制定绿色建筑发展规划和政策的地区不断增加，绿色建筑的所占市场比重也逐年上升。从图 3-1 可以看到，从 2005 年起，美国制定绿色建筑发展规划和政策的城市数量急剧增加。2008 年美国绿色建筑约占建筑市场份额的 10％，2008～2010 年美国国内绿色建筑开工量总耗资从原来的 420 亿美元增加到 550 亿～710 亿美元，增幅达 50％，占 2010 年新建项目的 25％。预计到 2015 年，绿色建筑规模将达到 1350 亿美元。

美国绿色建筑的发展可分为三个阶段：

第一阶段是启动阶段，以 1993 年美国绿色建筑委员会（U. S. Green Building Council，USGBC）的成立为标志。USGBC 是第三方独立机构，它的成立被认为是美国绿色建筑整体发展的开始，而绿色建筑的兴起被认为是美国最为成功的环境运动。1998 年，USGBC 制定了绿色建筑评价系统——领导型的能源与环境设计（Leadership in Energy and Environmental Design，LEED），并开始进行绿色建筑的评估。在 USGBC 的推动下，绿色建

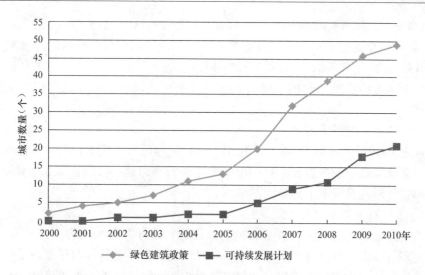

图 3-1 美国制定绿色建筑发展规划和政策的城市数量

筑的理念逐步得到推广，相关政策关注点也随之改变，除能耗外建筑材料的安全性、室内空气质量、建筑用地选址等问题同样引起了社会关注。随后，《加利福尼亚州绿色建筑标准》和《国际绿色建筑规范》等绿色建筑相关标准也逐步出台。

第二阶段是发展阶段，以 2005 年《能源政策法案》的颁布为起点。《能源政策法案》是美国现阶段最为重要的能源政策之一，体现了国家的能源发展战略。该法案对建筑节能给予了前所未有的关注，对绿色建筑发展起到了关键性的促进作用。

第三阶段是扩展阶段，以美国总统奥巴马在 2009 年初签署的《经济刺激法案》为标志。该法案中有超过 250 亿美元资金将用于推动绿色建筑发展，发展绿色建筑成为了美国能源改革和经济复苏的重要组成部分。

3.2 美国绿色建筑主要法律法规及政策

3.2.1 绿色建筑法律基础

美国虽然较少有法律专门针对绿色建筑提出相关要求，但很多都对建筑节能等绿色建筑相关方面进行了规定，为绿色建筑的发展奠定了良好基础。早在 20 世纪 70 年代末 80 年代初，能源危机就促使美国政府开始制定并实施建筑物及家用电器的能源效率标准。特别是 1975 年出台的《能源政策和节能法案》为能源利用、节能减排提供了法律依据。近年来，制定最低能耗标准的产品种类越来越多，标准经过每 3～5 年的不断更新也越来越严格。1978 年的《节能政策法》和《能源税法》、1988 年的《国家能源管理改进法》、1991 年的《总统行政命令 12759 号》等对建筑节能都提出了严格要求。同时各州也依据国家法律制定了适合当地的建筑节能标准，其中加利福尼亚、纽约等经济比较发达的州，建筑节能标准比联邦政府标准更加严格。通过上述法律的出台，初步建立美国的建筑节能政策基础。之后，美国于 1992 年制定了《国家能源政策法》，并于 2003 年进行了修订，1994 年出台《总统行政命令 12902 号》，1998 年出台"国家能源综合战略"，1999 年出台

《总统行政命令13123号》，2001年出台《2001安全法（H.R.4）》，2005年出台《能源政策法案》，奥巴马总统于2009年10月签署的第13514号总统令，要求联邦政府的所有新办公楼设计从2020年起贯彻2030年实现零能耗建筑的目标要求。上述这些相关法案和行政命令都对促进美国建筑节能的发展起到了重要作用，但以下几项法律起到了里程碑的作用：

（1）1978年的《能源税法》

该法规定从1977～1985年12月，民用节能投资和可再生能源投资（包括保温、挡雨门窗、密封条和采暖炉的改进技术）的税收优惠为15%。这一阶段主要处于节能工作开展的初期，侧重于对建筑采取节能措施的激励。

（2）1992年的《能源政策法》

1992年的《能源政策法》中美国政府将以往的"目标"一词改为"要求"，实现了节能标准从规范性要求到强制性要求的转变。并对新能源和再生能源制定了激励措施，鼓励调整用能结构，减少常规能源应用。如规定对太阳能和地热能项目永久减税10%；对风能和生物质能发电实行为期10年的产品减税，每1kWh减少1.5美分（根据当时物价水平确定）。

（3）2001年的《安全法案》

该法案规定2001年1月1日～2003年12月31日期间新建的住宅，比国际普遍采用标准节能30%以上的，每套住宅可减免1000美元的税收；对2001年1月1日～2005年12月31日期间新建的住宅，比国际普遍采用标准节能50%的，每套住宅可减免2000美元的税收；对比国际普遍采用标准节能至少50%的商业建筑，给予每平方英尺（约0.09m^2）2.25美元的税收减免；对进行保温和窗户改造，且节能达20%以上的既有建筑，给予每套2000美元的税收减免。

（4）2005年的《能源政策法案》

2005年8月8日美国总统布什签署的《能源政策法案2005》（Energy Policy Act of 2005），是美国自1992年《能源政策法》颁布以来最为重要的一部能源政策法律，成为新阶段美国实施绿色建筑、建筑节能的主要法律依据。该法案主要通过实施房屋和城市发展部（Department of Housing and Urban Development，HUD）能源战略、降低联邦建筑能耗、制定资助计划、经济激励、研究与开发、支持可再生能源应用等方式推动建筑节能（详细解读见附录）。

该法案强调运用经济手段，增加国内能源生产和提高能源效率。在建筑领域，主要通过节能效益合同（Energy Savings Performance Contract，ESPC）和公用事业能源服务合同（Utility Energy Services Contracts，UESCs）配合政府直接拨款的方式，为实施能源管理提供资金支持。其中，直接拨款的份额从1985～2003年的54%下降至2003年的23%，而节能效益合同份额从30%上升至60%（见图3-2）。这是该法案将节能效益合同继续执行的原因所在，即充分依靠市场机制来实现节能。

此外，该法案还针对建筑节能提出了一些经济激励政策。主要对州能源计划、节能器具（包括能源之星住宅）、低能耗建筑、光伏商业化计划等给予高额补贴，对部分建筑和设备也给予了税收优惠（见表3-1）。

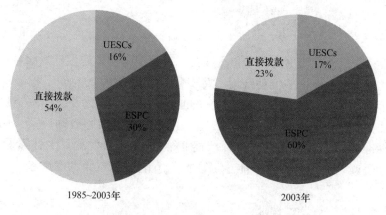

图3-2 1985~2003年间联邦能源管理资金来源的变化情况

美国2005《能源政策法案》建筑节能主要税收优惠政策　　　　表3-1

项　目		税收优惠
商业建筑（包括新建建筑和既有建筑节能改造）		税收最大扣除额度为建筑每平方英尺1.8美元； 对比基线为ASHRAE90.1-2001标准。同时，如果建筑整体未达到50%的节能标准，而照明、HVAC、热水系统和其他围护结构产品达到了规定的节能标准，则可获得每平方英尺0.6美元的税收扣除优惠； 佛罗里达州要求热水系统和光伏系统必须通过州太阳能中心的分级和鉴定，并且规定针对热水系统和光伏系统的商业性税收抵免无最大抵免额度限制
非商业建筑	新建节能住宅	达到国家规定相应节能标准的给予税收抵免优惠； 工业化制造房屋需达到30%的节能标准（能源之星标准），其他类型房屋需达到50%的节能标准
	家庭购买太阳能热水系统和光伏设备	可获得30%的税收抵免优惠，其中太阳能设备最大抵免额度为2000美元； 佛罗里达州规定对于销售的太阳能热水系统和光伏系统，必须获州太阳能中心的鉴定，且热水系统所用能源一半以上应来自于太阳能
	既有建筑节能改造	节能改造降低的能耗达到三分之一以上的，可获得10%的税收抵免，最大抵免额度为500美元（窗户为300美元）
	设备制造商	节能洗碗机、洗衣机和冰箱可获得一定税收优惠

(5) 2007年的《能源独立安全草案 (EISA)》

2007年美国发布《能源独立安全草案 (EISA)》，提升了电器、器材、照明、空调设备、热泵等的能效标准；同时，提出发展和传播可实现商业建筑零能耗的科技手段、实践活动和政策，并规定到2030年在美国新建的一些商业建筑、到2040年50%的商业建筑、到2050年所有商业建筑实现零能耗目标；并明确增加联邦政府对太阳能，制冷机组隔热的科研投入和对先进的光电技术补助津贴；此外，还要求到2015年以后新建和改建的联邦政府大楼实现能源使用须削减35%，到2030年实现零能耗的目标。

(6) 第13514号总统令

奥巴马于2009年10月签署第13514号总统令，要求联邦政府所有新办公楼设计从2020年起贯彻2030年实现零能耗建筑的要求。同时，自2015年起垃圾回收率达到50%，自2020年起节水率达到26%。

3.2.2 绿色建筑相关推动政策

为贯彻国家法律法规提出的要求和发展目标,美国出台了许多针对绿色建筑和相关技术(主要为建筑节能)应用的推动政策,对引导绿色建筑发展起到了积极作用。这些政策主要采取了"胡萝卜加大棒"的模式,一是制定相关产品、设备、系统的最低能源效率标准,以法律、法规形式颁布执行;二是通过激励政策措施鼓励厂家、用户实现更高的能源效率标准,属于市场行为。随着节能技术的进步和发展,上述政策及标准每隔3～5年就不断更新,对增强公众节能意识、推广节能产品与绿色建筑起到了非常显著的作用。

(1) 最低能源效率强制性标准

早在20世纪70年代末～80年代初,能源危机促使美国政府开始制定并实施建筑物及家用电器的能源效率标准,并且涵盖的产品种类越来越多,这些标准每3～5年就会更新,要求也越来越严格。美国的最低能效标准一般都以强制性法律、法规形式颁布执行,强制对象大多是即将进入市场的新产品(包括建筑物)。大部分州政府都委托第三方组织,结合地区特点都制定了高于国家标准要求的最低能效标准,具体内容和要求也更因地制宜。各州市场销售的产品和新建建筑必须满足其最低能耗标准。

(2) 自愿性能效标识

美国自愿性能效标识主要有两类(见表3-2):一类是信息标识(比较标识),即厂家标出耗能产品相关耗能信息,包括产品的年用能量或能效比、同类产品的能耗值范围、该产品按国家平均能源价格计算的预计年能源费用。有助于用户根据产品价格和自身需求来合理地进行选择。另一类是保证标识,即厂家认为其耗能产品的性能达到了一定的标准后,向有关部门申请,并获得批准在产品上粘贴节能产品的标签,表明已经达到了相关标准。能效标识制度是推动建筑/商用/民用节能的主要做法之一。最为典型的是"能源之星"项目,能源之星标识提供给用户的信息是该产品已经获得了政府认可。为鼓励用户购买节能产品,一些获得能源之星标识的节能产品,可以获得由节能公益基金提供的资金返还。经过多年发展,目前能源之星已成为产品进入美国市场的技术壁垒,未获得能源之星认证的产品在美国将无法获取市场份额。

美国标识项目涵盖的产品目录　　　　表3-2

标识类别	涉及的产品类别
信息标识	洗衣机、中央空调、洗碗机、镇流器、紧凑型荧光灯、冷冻箱、炉子、普通用白炽灯、热泵热水器、冷藏箱、房间空调器、游泳池热水器等
保证标识	家用电器、加热和制冷设备、家用电子产品、办公设备、照明装置和灯泡、建筑物等

(3) 基于市场的经济激励政策

美国联邦政府、各级州政府以及公用事业单位等都采取了一系列经济激励措施来促进高效节能产品、建筑节能和绿色建筑的推广普及工作,主要包括节能基金、财政补贴、税收抵免、抵押贷款、技术支持等。

1) 节能基金。节能基金是指通过财政筹集节能资金,用于支持各种节能相关的活动,保证资金来源和数量的相对稳定。美国节能基金主要分为政府财政拨款和节能公益基金两大类。目前，美国已有30多个州建立了节能公益基金，由各州的公用事业委员会（Public Utilities Commission，PUC）负责管理。各相关部门都可以申请该基金开展节能活动。公用事业委员会对每个机构的节能工作进行评估，并决定支持力度。节能公益基金很少用于支持某个具体节能改造项目，主要作为财政激励手段充分调动各参与方自发从事节能活动的积极性。此外，节能公益基金还支持节能中介机构积极开展节能咨询、节能宣传及培训等工作。

2）财政补贴。美国财政补贴的方式主要有两种：一是贴息补助，即政府用财政收入或发行债券的收入支付企业或个人因节能或绿色建筑投资、研究而发生的银行贷款利息（全部或部分）；二是直接补贴，即政府以公共财政部门预算的形式直接向节能或绿色建筑项目提供财政援助。目前，美国各级政府和公用事业组织投入的大量补贴经费，主要是针对消费者进行直接补贴。此外，部分项目还对生产厂商、经销商、房地产开发商等提供现金补贴，以便让更多的人参与节能项目，提高全社会的节能环保意识。如得克萨斯州厄尔巴索、华盛顿州金恩县、宾夕法尼亚州、洛杉矶等针对绿色建筑出台了相应的现金补贴政策，对绿色建筑给予直接补贴。

3）税收优惠。对节能产品减免部分税收是美国联邦政府和各级州政府提高能源利用效率和普通居民节能意识的重要措施，有效地促进了节能型产品和设备的大规模推广使用，较好地实现了节能环保的目的。借鉴税收减免可有效推动建筑节能的经验，美国许多城市都针对绿色建筑出台了相应的税收抵免政策，如霍华德县、巴尔的摩郡和辛辛那提市明确了不同等级的绿色建筑可获得的税收抵免额度。

4）优惠贷款。一些贷款机构结合"能源之星"提供优惠贷款，居民在购买经"能源之星"认证的建筑时可获得返还现金、低利息贷款等优惠，这不仅有效地促进了节能建筑的建设和开发，降低了建筑物的能耗和维护运行管理费用，还带动了墙体和屋面保温隔热技术的发展，刺激了建材市场，增加了就业机会，促进了美国社会经济的发展。

5）加速折旧制度。节能设备加速折旧是通过税收抵免鼓励节能设备应用的另外一种形式。主要通过加大企业节能设备前期的应纳税扣除额，以延期纳税的方式，鼓励节能设备的推广应用。目前，美国主要对热电联产等设备及系统采用加速折旧的方法来鼓励其提高能源效率。

6）低收入家庭节能计划。为了保障低收入家庭的福利，节约能源，美国发起了"低收入家庭住宅节能计划"，帮助低收入家庭进行节能改造，具体主要包括美国能源部发起的"保暖协助计划"、"低收入家庭能源协助计划"等。"低收入家庭住宅节能计划"经济效益十分显著，如"保暖协助计划"2001年帮助51000个低收入家庭进行了节能改造，平均每个低收入家庭的节能改造费用为2568美元，但节约了低收入家庭13%～34%的能源开支，投资收益率达到了130%。除了经济效益，低收入家庭的节能计划还能带来很多环境效益，根据调查投资低收入家庭住宅节能计划1美元，就能获得1.88美元的环境效益。

7）组织激励措施。绿色建筑最有效和较普遍的激励策略之一是通过组织措施激励市场，主要是对实施绿色建筑的开发商给予额外的建筑密度奖励或加快审查和申请程序的权利。其中，加快审查或申请程序，可以使开发商减少审查或申请时间，显著节省费用。这一方法在旧金山、洛杉矶、夏威夷、达拉斯和盖恩斯维尔等地得到了应用。与审查或申请程序相似，建筑密度奖励不会增加太多财政支出，部分地区也将其作为推动绿色建筑的具体措施。

8）规费和税收征收。美国还通过征收规费和税费来约束个人及企业的行为，如通过收取"雨水公共设施费用"引导公众进行雨水收集利用；收取"环境影响费"缓解建筑对周边环境的影响；征收碳排放税促进单位和个人建设节能减碳的建筑，或对建筑进行改造提高能源利用效率。

9）其他推动措施。一方面是技术支持：许多城市提供免费的绿色建筑开发计划编制或认证培训和协助，主要为缺乏绿色建筑建设经验的开发商提供支持。另一方面是市场支持：一些城市对获得 LEED 认证绿色建筑，提供免费的市场支持，主要通过网站、新闻发布和其他方法对项目进行宣传，激励开发商开发绿色建筑。

3.3 美国绿色建筑评价体系

3.3.1 LEED

LEED（见图 3-3）是应用非常广泛的一个建筑标识体系，它是美国绿色建筑委员会（USGBC）为满足美国建筑市场对节能与生态环境建筑评定的要求，提高建筑环境和经济特性而制定的一套评估标准。USGBC 于 1998 年推出 LEED 1.0，开始绿色建筑评估和认证工作，并结合实践经验不断进行修订，2013 年刚刚发布了最新版本 LEED v4。LEED 包括培训、专业人员认定、提供资源支持和进行建筑性能的第三方认证等多方面的内容。

图 3-3　LEED 标识

LEED 体系自试用以来，成为了美国绿色建筑市场的领航者，获得 LEED 注册和认证的建筑的数量逐年迅速增加。截至 2012 年 3 月，注册建筑超过了 31000 幢，其中大约有 12000 幢的商业建筑，得到注册或认证的总面积约 7.8 亿 m^2（84 亿平方英尺）。许多州、市政府部门和公司都对绿色建筑认证提出了要求，而且绿色建筑的概念从一些试点项目成为了当今美国建筑市场中的普遍实践。

LEED 申请完全采取自愿申请的方式，自从实施后因为效果良好，目前美国已有部分城市强制公有建筑必须通过 LEED 认证，或对获得 LEED 认证的项目给予奖励。LEED 评估认证具有三个特点：一是一种商业行为，需收取一定的佣金；二是采取第三方认证，既不属于设计方又不属于使用方，在技术和管理上保持高度的独立性；三是企业采取自愿认证的方式，按照得分由高到低将建筑分为白金、金、银和铜四个认证等级。这种保持高度独立性和自愿认证的商业行为，在美国取得了很大成功，并不断在发展和更新。

LEED 评估体系主要从可持续建筑选址、水资源利用、建筑节能与大气、资源与材料、室内空气质量等五个方面对建筑进行综合考察、评估。LEED 体系包括很多子类（见表 3-3），这些子类源自相同核心概念，但针对不同对象或内容。每一个子类评级系统都反映了相对应的建设过程或特定用途建筑的特点。

LEED 评估体系　　　　　　　　　　　　　　　　　　　　　　　　　　　　　　　表 3-3

序号	LEED 评估体系	LEED 子类评估体系内容和特点
1	建筑设计建造评估体系 LEED for building design and construction (LEED-BD&C)	LEED-BD&C 涵盖了新建建筑和改造建筑，是应用最广泛的 LEED 评级系统。设计团队和承包商利用 LEED 在线上传合规文档，由绿色建筑认证协会审查文档。如提交文档不充分，设计团队会被告知进行补充。在项目完成评审，且经过申诉期后，建筑的 LEED 认证将被发放
2	商业建筑室内评估体系 LEED for commercial interiors (LEED-CI)	LEED-CI 是面向商业建筑内部空间的评估系统，主要反映建筑内部空间的设计情况，不包括建筑外围护结构
3	建筑核心及维护结构评估体系 LEED for core and shell (LEED-CS)	LEED-CS 主要用于评估还未进行内部装修的租用型建筑，主要反映建筑外围护结构设计的合理性，不包括建筑内部空间
4	医疗保健建筑评估体系 LEED for healthcare (LEED-HC)	LEED-HC 是针对医疗建筑的评估系统，评分术语和要求根据医疗行业的相关建筑特点制定，适用于门诊、医院和护理医疗机构、医疗办公室、生活辅助设施、医疗教育研究机构等建筑的评价
5	零售商业建筑评估体系 LEED for retail	LEED-Retail 是针对银行、餐厅和大卖场等的评估系统，评分术语和要求根据零售业相关建筑特点制定。LEED-Retail 与 LEED-BD&C 一样评估内容可以涵盖整个建筑和内部装修
6	学校建筑评估体系 LEED for schools (LEED-SCH)	LEED-SCH 评分术语和要求是为学校建筑评价而量身设计，评估系统考虑了从幼儿园到 12 年级学校设计和建设的独特性，评估内容涉及教室声学、总体规划、防霉和环境测评等内容。结合学校空间独特性和对学生健康保障的要求，LEED-School 希望用可量化结果，为绿色学校的设计和建造提供独特、全面的辅助工具
7	既有建筑使用和维修评估体系 LEED for existing buildings: operations and maintenance (EBOM)	LEED-EBOM 评级适用于既有建筑评价，并侧重于运营和维护，评分术语和要求为既有建筑特别制定，评价重点包括整个建筑物的清洁保养（包括化学使用）、回收计划、外部维护计划和系统升级等。它既可用于评价未被认证过的既有建筑，也可对已被 LEED-NC、LEED-School 或 LEED-CS 认证建筑进行再认证。该评估系统的能源效率标准以"能源之星"为基准。LEED-EBOM 是 LEED 评估体系中增长最迅速的评估系统，并于 2011 年成为拥有最大测评面积的评估系统
8	社区发展评估体系 LEED for neighborhood development (ND)	LEED-ND 将智能增长、城市化和绿色建筑等理念整合到一起，是首个适用于社区规划的评估系统，由美国绿色建筑委员会（USGBC）、新城市主义代表大会和自然资源保护协会（Natural Resources Defense Council）联合制定。LEED-ND 提供独立的第三方验证，该验证使项目的开发选址和规划设计可满足环保及可持续发展的高标准要求
9	住宅评估体系 LEED for homes	LEED-Home 专门针对居民住宅进行评估，可以实现高效能绿色住房的设计与建设，评估对象包括经济适用房、大规模建设房屋、定制设计房屋、独立单户房屋、复式别墅和联排别墅、郊区和城市公寓、既有建筑中的公寓和阁楼。不同于 LEED 的其他评估系统，LEED-Home 整个过程使用一个独立的绿色评估系统，可以帮助建造者、房屋所有者和其他参与者对住宅进行初步的分级，在施工阶段即进行监督检查，并通过检验和性能测试判定该住宅是否符合相应级别的标准

LEED 认证流程如图 3-4 所示。

近年来，LEED 发展极其迅速，其突出的实践性特征和较高的市场接受度，使其成为目前国际上最具影响的绿色建筑评估体系之一。目前，LEED 被加拿大、印度等数个国家所借鉴使用。同时，世界上许多国家的建筑正在申请 LEED 认证。LEED 在中国的发展还

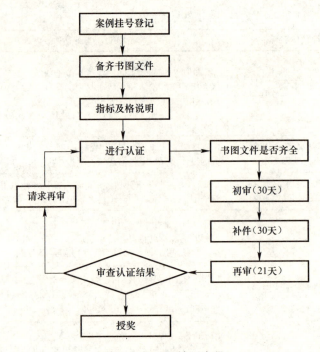

图 3-4 LEED 认证流程

（资料来源：U.S. Green Building Council；http://www.usgbc.org/）

处于起步阶段，根据美国绿色建筑委员会（USGBC）官方网站统计，截至 2014 年 2 月中国已有约 90 个项目通过此项认证。

3.3.2 绿色建设国际规范

2010 年 3 月美国发布《绿色建设国际规范》（International Green Construction Code，IGCC）（见图 3-5）。该规范由美国立法委员会、美国建筑工程师协会和美国试验材料学会联合编制，结合了由美国采暖、制冷与空调工程师学会、美国绿色建筑委员会和美国照明工程学会制定的相关标准。2010 年 3 月，美国立法委员会开展 IGCC 立法提案，副标题为"安全和可持续发展"，旨在编制针对新建和既有商业建筑的绿色建筑设计和性能评价的示范性规范，减少能源使用量和碳排放量。

图 3-5 IGCC 标识

IGCC 涵盖地区开发建设和土地使用、自然资源和物质资源保护等内容，注重提高室内空气质量、扶持使用节能电气用具、推动可再生能源系统应用、加强水资源保护、推广雨水采集与分配系统和中水回收。IGCC 建立的原则是"示范规范、细分市场"，具有较强的可操作性。IGCC 的主要特点见表 3-4。

IGCC 主要特点 表 3-4

序号	主要特点
1	IGCC 不是评级系统，对整个建筑的性能不提供单一度量标准
2	IGCC 适用于新建建筑、商业建筑、既有建筑的改建及加建
3	IGCC 以强制性的书面语言为主，并与国际立法委员会编制的法律体系一致
4	IGCC 以强制性为基础，由司法管辖区采用
5	IGCC 主要由建筑业行政人员管理实施
6	IGCC 便于设计人员和承包商使用
7	IGCC 在许多特定领域设立严格的最低强制性要求和性能门槛，还有一些要求由司法管辖区域决定
8	IGCC 允许司法管辖区因地制宜地提出建筑物性能要求
9	IGCC 只包含少量选择项，强制要求须由业主或设计人员贯彻在工程建设的各个环节

3.3.3 美国绿色住宅标准

《美国绿色住宅标准》（National Green Building Standard，NGBS）（见图 3-6）是美国当前许多绿色建筑评估系统之一，主要从五个方面区别于其他评估系统：（1）它是美国国家标准学会唯一一致认可的标准；（2）它拥有基于网络的绿色评分工具作为补充；（3）需由第三方验证和认证，不允许自我认证；（4）涵盖所有住宅类型，包括独栋住宅，多户住宅建筑，住宅改建和扩建；（5）它需要逐渐地提高环境绩效标准，使每个绿色建筑的实施取得更高等级的绿色认证。

图 3-6 NGBS 标识

NGBS 由政府监督制定，而且制定委员会的成员代表各方群体利益，如建设者、建筑师、监管机构、环保工作组织和产品制造商等，可确保标准制定过程公平，公开和透明。因此，当政府部门参考绿色建筑评估标准制定激励，税收抵免和其他绿色建筑推动政策时，NGBS 标准比其他社会组织制定的评估标准更具有参考价值。

目前，NGBS 标准和认证主要针对多户住宅、单户住宅、重建住宅和土地开发四个类别进行。评价主要包括六个方面：设计、准备和开发、节约资源、节约能源、节约水资源、室内环境和质量、运营、维修和业主培训。根据得分情况 NGBS 将通过认证的建筑分为铜级、银级、金级、翡翠级四个等级。而且由于其具有较强的可操作性和指导性，在实践中不需要投入过多费用请咨询团队提供项目绿色认证服务。

3.3.4 能源之星

美国目前应用最为广泛的建筑标识体系是由美国环保署（Environmental Protection Agency，EPA）于 1992 年制定的"能源之星"（Energy Star）体系。"能源之星"是一种保证标识（见图 3-7），最初只应用于计算机、显示器和打印机。1996 年，美国能源部（Department of Energy，DOE）与环保署就共同使用"能源之星"来推广高能效产品达成共识，其应用范围也得到了扩展。目前，"能源之星"认证产品覆盖了美国 3400 多种商品，包括家用电器、制冷制热设备、办公设备以及住宅和公用建筑。已有 1200 多家制造

图3-7 Energy Star标识

商生产"能源之星"产品。有关研究显示,"能源之星"产品比最低能效标准规定的效率要高13%～20%。对于新建住宅建筑,必须比1993年的美国国家能源标准节能30%或者比各州的能源标准节能15%才能获得该项标识。据美国环保局统计,2004年美国新建住宅中有近35万套(约占总数的10%)符合"能源之星"标准,每年可节约能源开支2亿美元,减少近2000t温室气体排放,相当于15万辆机动车的废气排放量。

目前,"能源之星"针对建筑领域主要启动了"建筑物节能认证"和"建筑物运营管理节能认证":

(1)建筑物节能认证。建筑物节能认证是"能源之星"的一大重点,通过对建筑围护结构、采暖空调系统等保温隔热性能的监控,确保建筑物达到良好的节能效果。到目前为止,共计4400个商用建筑开发商和能源服务供应商(美国建筑市场的13%)成为"能源之星"的合作伙伴,50多万栋住宅建筑物获得了"能源之星"认证,有效地推动了美国建筑节能工作。

(2)建筑物运行管理节能认证。美国在长期节能实践中发现,由于管理措施不到位,能源和设备管理人员知识欠缺等原因,尽管建筑物配备了一流的设备或高效节能产品,建筑物建成后通常不能优化运行,能源浪费严重,运行管理节能潜力较大。为此,美国环保局开发建筑物能源绩效评估体系,主要对建筑物能源运行管理水平进行评估,对能源管理运行水平较高的建筑物颁发节能认证证书。截至2012年,共对约19000栋建筑物的能源运行管理水平进行了评估,其中17%为办公建筑,11%为学校,17%为超市,28%为医院,6%为宾馆酒店,21%为其他建筑,将近1700栋建筑物的运行管理获得了"能源之星"认证证书。

"能源之星"认证实施程序为:首先由建筑业主自愿向第三方测评机构提出申请;之后测评机构对提出申请,并经查验遵循一定质量管理程序而建造的建筑进行测试。整个测试过程由一个测评软件完成,建筑业主须按测评软件的要求填写各项参数,并通过有关测试。测试结果按100分计,75分以上的建筑授予"节能之星"标识。如今,随着国际节能减排的呼声日益高涨,"能源之星"的影响也越来越大,它成为能源相关产品的标杆,在欧盟或其他国家制定能效法规或标准时,都将其作为主要的参考对象。而美国在制定强制性节能标准及测试方法标准时,也开始引用"能源之星"标准中的测试方法作为其测试参考。

3.3.5 绿色加利福尼亚州

2010年1月加利福尼亚州建筑标准委员会一致通过了加利福尼亚州绿色建筑规范标准《绿色加利福尼亚州》(Cal Green)。该标准成为全美第一个强制性的绿色建筑规范标准,并于2011年1月正式生效实施,其他已有的绿色建筑相关法规仍然有效,如2010年1月1日颁布的《建筑节能标准》。卡拉巴萨斯和欧文等城市已开始实施该标准。《绿色加利福尼亚》对新建建筑提出了具体的规定和限制要求,如:新安装水管必须使室内用水量减少20%,建筑废料回收率须达到50%,必须使用低污染的涂料、地毯和地板,非民居建筑必须在室内和室外分别安装水表,大型园林项目须安装湿度传感灌溉系统等。同时,在建筑建成后还需严格检查新建筑的能源系统,以保证暖气和空调及其他设备的高效运行。该标准的实施将促进建筑节水、节能和室内空气品质的改善,还能创造大量工作机会,同时,将有助于加利福尼亚州实现最终在 2020 年减少 25% 温室气体排放的目标。

3.3.6 美国 LEED v3 认证项目案例

美国绿色建筑委员会(USGBC)新建的办公楼作为首个在 LEED v3(版本 3)下认证的项目,该项目体现了 LEED 认证的严格性与灵活性,即绿色建筑原则的精髓。项目紧邻华盛顿哥伦比亚特区西北部 Foggy Bottom 城区,交通便利,距离 4 个地铁站和多个公交站点不到 0.5 英里(0.8km)。节能降耗在空间设计中起到关键角色。落地玻璃窗为每一个工作台提供了充足的日光,电动窗帘系统最大化了自然采光效率,将目眩感降到了最低(见图 3-8)。1.8m 宽的过道被设计为一个"生态走廊",环绕办公空间,形成热力循环,使暖通空调系统可以对有职员工作的室内区域进行控制调节,从而减少能源消耗。同时,建筑内部结合浅色地面和饰面增加了自然光的反射(见图 3-9、图 3-10)。上述设计可至少降低 35% 的能源消耗量。走廊设置一条"学习之径",向人们展示了绿色建筑委员会为赢得 LEED Platinum(铂金认证)而采取的各种策略。沿廊壁而行能看到各种材料的展板,包括大楼内所有材料的样品和介绍,使办公楼在发挥多功能办公用途的同时,俨然成为了一个学习实验室。项目团队利用会员单位捐赠的可再生和回收再利用材料,营造了既古典又充满现代化气息的空间。其中,电梯走廊和接待区采用了田纳西河畔拥有 500 年历史的废旧桉木装饰(见图 3-11),全办公区都使用的是回收水磨石玻璃做成的地板和台面。两

图 3-8 总部外观

图 3-9 自然采光效果(一)

图 3-10 自然采光效果(二)

图 3-11 接待区废旧桉木装饰

层楼高的水帘作为显眼的玻璃楼梯的背景幕，将两楼层连接了起来，产生了奇特的视觉效果。新办公室仍旧使用的是以前的办公桌和座椅[7]。

3.4 美国绿色建筑政策法规及评价体系的特点与启示

3.4.1 美国绿色建筑政策法规及评价体系的特点

(1) 法规体系完善，形成了良好的政策基础

美国为推动建筑节能和绿色建筑建立了完善的政策法规体系，由联邦政府出台了《能源政策法案》和"第13514号总统令"等一系列在全美具有影响力的政策法规，确定了美国能源政策的基调，对建筑节能减排提出了要求。在国家政策法规的推动下许多州、市也提出了绿色建筑的发展目标，并制定了绿色建筑强制标准。这都为绿色建筑的发展建立了良好的政策基础，可统筹各相关行业的进一步发展，有效协调各部门工作。

(2) 配套制度完善，保证了各项工作顺利开展

美国结合相关政策法规提出的建筑节能和绿色建筑发展目标建立了完善的配套制度，针对不同的对象出台了多样的激励政策，编制了强制标准，并建立了适用于各类建筑和相关产品、设备的认证制度，将建筑节能和绿色建筑的理念贯彻到了建筑的设计、建造、运营和家电选用等与建筑节能相关各个环节，实现绿色建筑、相关配套设施和使用者理念的共同协调发展。

(3) 强调经济激励，注重调动市场积极性

美国绿色建筑推动政策注重通过经济杠杆，撬动市场发展，对推动绿色建筑发展起到了积极作用。如美国通过节能效益合同和公用事业能源服务合同，解决了联邦实施能源管理的资金来源问题；通过建立"节能公益基金"推动节能工作的开展，而且很少用于支持某个具体节能改造项目，主要作为财政激励手段调动各参与方自发从事节能活动的积极性；此外，美国还通过现金补贴、税收抵免、抵押贷款、加速折旧等方式推动节能产品的应用和绿色建筑的建设。上述措施可以有效调动相关各方建设和购买绿色建筑的积极性，促进需求市场的形成和完善。

(4) 强调第三方机制，确保评估过程公平公正

评估认证是美国推动绿色建筑的主要手段，在评估过程中美国十分重视独立第三方认证机构的作用，如LEED、NGBS和能源之星等评价体系都强调由第三方机构进行认证。第三方机构在技术和管理上保持高度的独立性，可以保证评价过程的公正和透明，对提升绿色建筑质量，保证行业健康发展起到了重要作用。

(5) 强调全寿命周期成本分析，使绿色建筑更易于被人接受

美国在开展"国会大厦节能计划"和支持可再生能源应用时，尤其强调全寿命周期成本分析，以此确定合理的措施和技术。这一理念也贯彻到了美国绿色建筑的发展过程中，其认为绿色建筑扩展并补充了传统建筑设计中经济性、实用性、耐久性和舒适性等要求，在绿色建筑的设计和建造过程中提倡因地制宜，充分考虑了绿色建筑性能和增量成本的平衡，使绿色建筑更易于被人接受，促进了绿色建筑需求市场的形成。

3.4.2 对我国绿色建筑发展的启示

（1）完善顶层设计，引导绿色建筑健康发展

在绿色建筑推动政策方面，美国进行了细致的顶层设计，从国家层面结合其面临的环境和能源资源挑战，出台了系统、完整的建筑节能政策法规。虽然没有专门针对绿色建筑的政策法规，但仍然可以指导各州、市出台建筑节能与绿色建筑发展政策和规划。只有通过这种系统性的顶层设计，才可实现行业的均衡、持续发展。我国和各地方虽然也已出台或正在制定符合自身实际情况的绿色建筑发展目标与规划，但缺乏系统、完整的统筹，是很难顺利发展的，应尽快完善我国的顶层设计，促进绿色建筑全面、系统发展。

（2）加强对绿色建筑经济性关注，带动市场发展

美国发展绿色建筑注重建筑全寿命周期的经济性分析，在改善建筑环境的同时也十分关注成本的增加，使市场对绿色建筑更易于接受，从而刺激绿色建筑的建设和购买；同时，美国注重应用各种经济措施，调动市场积极性，尤其是在激励政策及其适用条件的设计上，都有考量。我国目前还主要是通过政府引导推动绿色建筑发展，对市场的作用的调动还只是部分省市通过专项经费的一次性刺激。应借鉴美国经验，尽快打通靠市场经济来发展绿色建筑的路。

第4章　英国绿色建筑政策法规及评价体系

英国有四个行政区，即英格兰、威尔士、苏格兰和北爱尔兰，这些地区分别执行两种不同的法律制度（英格兰、威尔士为普通法法系，苏格兰为民法法系，北爱尔兰法律制度在英格兰和威尔士体系基础上进行了本地化）[8]。英国中央政府负责英格兰和威尔士地区的建筑节能立法和管理，而在苏格兰和北爱尔兰则分别由苏格兰政府和北爱尔兰行政院负责相关立法和管理。英国建筑能耗（包含采暖、热水、照明、炊事、家用电器等）约占全英国总能耗的30%，其中伦敦地区的建筑能耗高于平均值，约为37%。英国现存既有建筑每年排放约1.5亿t二氧化碳，占社会总排放量的27%。

众所周知，英国是工业革命的发源地，也是最早感受到工业文明所造成的环境污染、生态破坏等负面影响的国家之一。19世纪上半叶英国一些有识之士就开始思考改善城市环境问题，到20世纪中叶以后，英国逐步形成了较为普遍的环境意识，英国率先确立了可持续发展的国家战略，推出了世界第一个绿色建筑评估体系——英国建筑研究院环境评价方法（Building Research Establishment Environmental Assessment Method，BREEAM）[9]，使其建筑节能和绿色建筑的理论探索和实践走在世界的前列。此外英国绿色建筑配套法律体系也非常完善，有效地促进了英国本土绿色建筑的发展。

4.1　英国绿色建筑发展背景与历程

英国绿色建筑始于20世纪中叶以后，它的发展历程大致可分为三个时期：20世纪60～70年代理论酝酿时期，20世纪末期的实践探索时期以及21世纪以来的初步发展时期。

20世纪中叶，工业发达国家的环境问题日益严重，并逐步演变成全球性危机。1972年联合国在瑞典首都召开人类讨论环境问题的第一次国际会议，并发表了《联合国人类环境会议宣言》，标志着全球环境意识的觉醒。在这种背景下，建筑师们开始从不同角度进行反思，探讨建筑业的新出路。最具代表性的是剑桥大学的John Frazer和Alex Pike等人研究的"自维持"住宅（Autonomous House），即"除了接受邻近自然环境的输入以外，完全独立维持的住宅"。其研究内容主要包括建筑材料的热性能、暖通设备的能耗效率和可再生能源等技术问题，为建筑节能和绿色建筑的发展奠定了基础。20世纪70年代能源危机之后，英国建筑界开始普遍关注建筑节能问题，建设了一批低能耗住宅，在设计中研究、运用了一系列被动式太阳能技术，对与能耗有关的因素诸如维护结构的保温、采光、太阳辐射、建筑蓄热能力和人工采光等都进行了有益探索。节能建筑虽然不是完全意义上的绿色建筑，但节能建筑的研究和探索却为绿色建筑的发展积累了技术和经验。

20世纪末期，世界环境与发展委员会（World Commission on Environment and Development，WCED）在《我们共同的未来》的报告中，向全世界正式提出了可持续发展战略。英国建筑研究院（Building Research Establishment，BRE）加快了能源与环境问题的研究，并于1990年发布了世界上第一个绿色建筑评价体系BREEAM。自此，英国绿色建筑的发展进入了新阶段。1994年，英国政府制定了本国的可持续发展战略——《可持续发展：英国的战略选择》，这一国家战略为建筑节能和绿色建筑发展创造了良好的社会环境。在法规政策建设方面，英国政府于1997年12月欧盟签订了《京都议定书》之后宣布2016年前将使本国所有的新建住宅实现零碳排放，到2019年所有非住宅新建建筑必须达到零碳排放，并制定了一系列鼓励节能和绿色建筑的政策。

21世纪以来，英国进一步确立了可持续发展战略思想。自2001年以来，政府拨款数十亿英镑，提高居民家庭用能效率，责成能源公司提供节能灯泡、保温设备、高能效电器和锅炉。并制定了世界第一部《气候变化法案》，第一个用法规的形式对节能减排做出了规定，即到2020年英国二氧化碳排放减少26%～32%，到2050年要减少60%。至此，英国绿色建筑进入稳步发展时期。

4.2 英国绿色建筑主要法律法规及政策

4.2.1 绿色建筑法律基础

英国为欧盟成员国之一，经过多年的发展，欧盟以"国际条约＋自主立法"为主要形式制订了一整套有机联系且相当完备的政策法规体系。相应地英国的绿色建筑法律法规体系由国际条约和国内法两部分构成，国际条约包括全球性条约（如《京都议定书》等有关协定）和欧盟法令；国内法由基本法案、行政管理法规以及专门法规和技术导则三个层次组成。这些法律法规构成了自上而下而又十分完善的法律体系，从各个方面规定了绿色建筑的要求和标准，为绿色建筑发展奠定了良好的法律基础。以下分别从欧盟通用的绿色建筑法律法规体系和英国国内绿色建筑法律法规体系两个方面进行具体介绍。

(1) 国际公约和欧盟指令

欧盟相关法律规定主要对建筑减碳，家庭用能效率提高、家电节能性能提高和建材产品质量等方面提出了明确要求。

1)《联合国气候变化框架公约的京都议定书》

为了将全球大气中的温室气体含量稳定在一个适当的水平，1997年12月欧盟在日本京都签署了《联合国气候变化框架公约的京都议定书》（Kyoto Protocal），承诺到2012年碳排放量在1990年基础上减少8%[10]。英国也是当时签署条约的15个成员国之一，建筑用能占欧盟能耗总量约40%，是欧洲最大的二氧化碳排放源，其自愿至2012年减排12.5%，2016年前全国所有新建住宅实现零碳排放，到2019年所有非住宅新建建筑达到零碳排放[11]。截至2011年，英国减碳成效显著（见图4-1），其中家庭碳排放相比于1997年减少了21%。

2)《节能指令》

为了在欧盟成员国内部提高家庭、工业和商业界的用能效率，欧盟委员会于1991年提出了欧盟节能计划（Specific Actions for Vigorous Energy Efficiency，SAVE），并出台

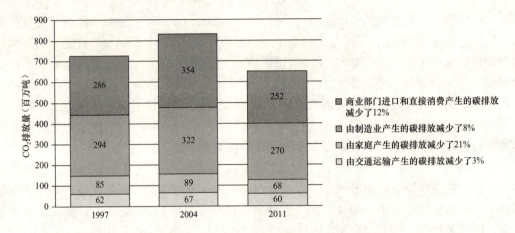

图 4-1　英国国内碳排放情况 1997～2011 年
来源：https://www.gov.uk/government/publications/uks-carbon-footprint

了《节能指令》（SAVE Directive 91/565/EEC）对节能计划的框架和具体措施进行了规定。欧盟节能计划中提出 13 项节能行动，其中 10 项与建筑节能相关，包括建筑能源证书、取暖热水和空调系统分类收费、允许第三方对公共节能领域融资、锅炉定期检查制度、建筑热保温、大型工业设施能源审查六个方面[12]。

3)《建筑节能性能指令》

因建筑能耗在欧盟占所有用能量的比例可观，欧盟于 2002 年 12 月 16 日在布鲁塞尔通过了针对建筑节能减排的《建筑节能性能指令》（Energy Performance of Buildings Directive 2002/91/EC，EPBD）。2010 年 5 月 18 日，欧洲议会修订了旧版的《建筑节能性能指令》，通过了《建筑节能性能指令（修订版）》，新指令将从 2020 年开始生效，旨在 10 年内通过削减消费者的能源消耗，提高建筑的节能标准，增加可再生能源应用比例，达到欧盟减少 20% 能源使用的目标。同时，欧盟还将提供节能资金支持欧盟成员国提高建筑节能标准[13]。该法令对英国绿色建筑相关法律法规的制定具有深远影响。

4)《能效标识指令》

2010 年 5 月 19 日，欧洲议会通过了对《能效标识指令》的修订，修订版指令将产品涵盖范围从原来的家用电器（包括电冰箱、冰柜、空调和灯具等）扩展到商用、工业设备、建筑产品和能源相关产品。修订版指令在旧版的 A-G 7 个能源等级基础上，增加了 A 能效等级的 3 个附加等级："A+"、"A++"、"A+++" 等级[14]，并要求产品广告中要显示产品能效标识等级，产品能效标识是欧盟为了实现到 2020 年提高能源效率 20% 的目标实施的一项重要而行之有效的措施，据估计，新能效标识指令到 2020 年将为欧盟每年节约 2700t 吨石油当量的能源，减少 8000 万 t 的二氧化碳排放[15]。

5)《建筑产品指令》

与建筑有关的欧盟法律还有《建筑产品指令》（Construction Products Directive 89/106/EEC），该法令规定了欧盟市场销售的建筑产品必须进行建材安全认证，鼓励环保建材的使用[16]。1993 年 7 月 22 日欧盟委员会对《建筑产品指令》进行了修改，主要是把建材的安全标志 EC Marking 改为 CE Marking[17]。

(2) 英国国内主要法律法规及政策

1) 法案

英国在绿色建筑方面立法比较早,已经形成了一套较为完善的绿色建筑法律体系,其相关的国内法主要包括基本的法律法案和专门的法律规定等。英国法律法规体系的最高层次是"法案"(Act),具有最高法律效力,须经国会上、下两院分别审议通过后方可颁布[18],这些法案对英国建筑碳排放起到了举足轻重的作用(见表4-1)。其中,对英国绿色建筑具有较大影响和推动的法案有3个(其他相关法案见附表2)。

相比于2005年英国建筑的CO_2减排目标   表4-1

年 份	住宅建筑(公共)	住宅建筑(私人)	非住宅建筑(公共)	非住宅建筑(私人)
2006	25%	0%	0%	0%
2010	44%	25%	25%	25%
2013	零碳排放	44%	44%	44%
2016	零碳排放	零碳排放	100%	100%
2018	零碳排放	零碳排放	零碳排放	100%
2019	零碳排放	零碳排放	零碳排放	零碳排放

《气候变化法案》(Climate Change Act 2008)对全国的节能减排目标和具体措施进行了明确,规定到2050年减排80%,2020年减排34%(基于2005年的温室气体排放水平)。作为碳排放大户的建筑业承担着英国50%的减排任务,近年来结合该法规定,英国宣布在2016年前将使本国所有的新建住宅建筑物实现零碳排放,到2019年所有非住宅新建建筑必须达到零碳排放[19]。为配合此计划,英国政府还设立了到2010年提高25%能效和到2012年提高44%能效的中期目标。同时,英国政府还承诺在全英国建立零碳排放的生态城镇。由此可见,英国政府对本国的可持续发展,尤其是建筑节能减排的工作是非常重视的,对绿色建筑的发展起到了一定推动作用。

《可持续和安全建筑法案》(Sustainable and Secure Buildings Act 2004)对建设项目环境的可持续性和安全性进行了规定,以减少建设项目对环境的影响。该项法案主要包括能源(减少化石燃料和能量的使用)、用水(减少废物的排放,防止误用或污染水源)、生物多样性等方面的要求,覆盖了建筑的全生命周期(包括设计、建造、运营和拆除)。

《住宅法案》(Housing Act 2004)在建筑节能领域引进了住宅建筑能效证书EPCs和公共建筑展示能效证书DECs(2007年起施行),贯彻了欧盟《建筑节能性能指令》要求[20]。

2) 法规

英国法律法规体系的第二层次是法规(Regulations)。按照法律的授权和要求,由主管部门草拟,经议会批准颁布实施[21],同法律一样具有强制性,必须执行。以下两个法规具有一定的代表性(其他相关法规见附表2):

《建筑法规》(The Building Regulations)是英国在前述欧盟法令和建筑法案基础上制定的,主要是针对建筑节能、可再生能源利用和碳减排等方面规定了最低性能标准。以建筑节能为例,《建筑法规》考虑了建筑各个部分的节能性能,如建筑围护结构、供暖系统、照明系统和空调系统等,并为各个部分的节能参数设定了最低标准[22]。其使用的主要衡量参数为U值(U-Values),即"热传导系数",U值表征的是建筑围护结构的热工性能,进而用以控制建筑结构的热损失。同时，英国政府还计划到 2013 年将新建住宅使用能源所产生的碳排放降至 2006 年水平的 40%。最新版的建筑法规中对建筑结构 U 值的最低规定见表 4-2。

建筑结构 U 值最低标准　　　　　　　　　　　　表 4-2

组成部分	U 值（W/(m²·K)）
在房椽间有保温层的斜屋顶	0.2
在托梁间有保温层的斜屋顶	0.16
平屋顶	0.25
墙壁	0.35
镶在金属框内的门窗，采光顶，玻璃层	2.2
镶在木质框或 PVC 框内的门窗，采光顶，玻璃层	2.0

摘自：《建筑法规》The Building Regulations 2010（No. 2215）[23]。

《建筑能效法规（能源证书和检查制度）》（The Energy Performance of Buildings (Certificates and Inspections) Regulation）主要提出了建筑能源证书（住宅建筑能效证书 Energy Performance Certificates，EPCs，见图 4-2）制度、公共建筑展示能效证书（Display Energy Certificate，DECs，见图 4-3）制度和空调系统的检查制度[24]。EPCs 是在某假定标准的基础上，根据计算有关能效的二氧化碳排放数值，评估确定建筑能效级别。EPCs 作为财产交易的一部分，在建筑物的建设、买卖和租赁过程中，均要求出示。DECs 根据公共建筑在超过一年时间内的实际能源消耗数值，评估其能耗水平，即实测或运行等级。所有大于 1000m² 的公共建筑，均需将其能耗证书陈列在显要位置，以接受公众和主管单位的监督[25]。

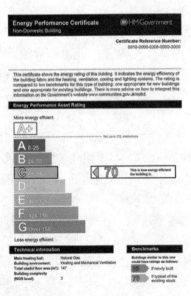

图 4-2　住宅建筑能效证书 EPCs

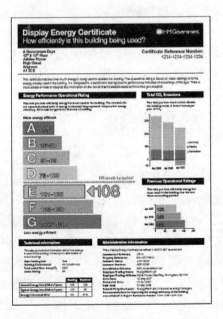

图 4-3　非住宅建筑能效证书 DECs

3) 规范、导则、标准和白皮书

英国法律法规体系的第三层次是"规范"（Code），"导则"（Guidance）、"标准"（Standard）和"白皮书"（White Paper）。规范如获得法律法规和政府认可则具有一定的强制性；导则和标准大多情况下由使用者自愿采用，或者在合同中约定使用；白皮书是官方文件，用于说明政府在某问题上的态度和拟采取的措施。其中，《可持续住宅规范》作为国家强制实施规范，对推动英国建筑节能减碳起到了重要作用（其他相关规范、导则、标准和白皮书见附表2）。

《可持续住宅规范》（The Code for Sustainable Homes）从2010年5月起作为国家规范全面实施，该规范适用于英格兰和威尔士地区的新建住宅建筑，目标是降低建筑碳排放，以实现建筑环境的可持续发展（证书见图4-4和图4-5）。该规范是在BREAAM生态住宅（BREEAM Ecohome）的经验基础上提出的，将建筑的碳排放水平划分为6个标准级别（表4-3），对公共建设住宅建筑是强制实施，但私人建造住宅自愿执行。英国政府自2010年底起强制所有的住宅建筑和社区机构建筑都必须达到4级标准，在2016年前将使该国所有的新建住宅建筑物达到6级标准，即零碳排放。《可持续住宅规范》具体的得分体系参见表4-4。

图 4-4 可持续住宅规范证书（正面）

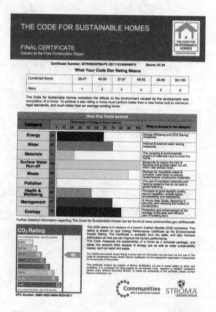

图 4-5 可持续住宅规范证书（背面）

《可持续住宅规范》目标碳减排率　　　　　表 4-3

标准级别	目标碳减排率 Target Emission Rates	备 注
1	10%	只考虑内部照明、热水系统和供暖能耗所产生的碳排放
2	18%	
3	25%	
4	44%	
5	100%	
6	零碳建筑	包括了所有的能耗，如炊事、电器使用

《可持续住宅规范》评价得分体系 表 4-4

序号	项　目	可得分	强制项	加权系数	加权值
ENE	节能（Energy）	31		36.4%	1.17
1	住宅 CO_2 排放量（Dwelling Emission Rate）	10	是		
2	建筑围护结构的热工性能（Building Fabric）	9	是		
3	能耗显示器（Energy Display Devices）	2	否		
4	提供晾衣场所（drying space）	1	否		
5	使用节能电器（Energy Labeled White Goods）	2	否		
6	室外节能照明（External Lighting）	2	否		
7	低碳/零碳技术（Low and Zero Carbon Technologies）	2	否		
8	提供自行车存车处（Cycle Storage）	2	否		
9	家庭办公（Home office）	1	否		
WAT	节水（Water）	6		9.0%	1.50
1	内部水使用（Indoor water use）	5	是		
2	外部水使用（External water use）	1	否		
MAT	材料（Materials）	24		7.2%	
1	材料的环境影响（Environmental impact of materials）	15	是		
2	结构材料可靠来源（Responsible sourcing of materials-Basic building elements）	6	否		
3	装修材料可靠来源（Responsible sourcing of materials-Finishing elements）	3	否		
SUR	地表水径流（Surface water run-off）	4		2.2%	0.55
1	地表水径流管理（Management of surface water run-off-from development）	2	是		
2	洪涝风险（Flood risk）	2	否		
WAS	废弃物（Waste）	8		6.4%	0.80
1	不可再生利用废弃物和可再生利用家庭废弃物的存放	4	是		
2	施工现场废弃物管理	3	否		
3	垃圾分类（composing）	1	否		
POL	污染（Pollution）	4		2.8%	0.70
1	保温材料全球变暖潜能值（Global Warming Potential of insulants）	1	否		
2	氮氧化物排放（NOx emission）	2	否		
HEA	健康宜居（Health and well-being）类	12		14.0%	1.17
1	日照采光	3	否		
2	隔声	4	否		
3	私人空间（Private space）	1	否		
4	终生住宅（Lifetime homes）（今后可以根据需要作灵活改动）	4	是（适用6星级）		
MAN	管理（Management）	9		10.0%	1.11
1	提供住户使用向导（Home user guide）	3	否		
2	施工现场管理（Considerate constructors scheme）	2	否		
3	施工现场建设影响（Construction site impacts）	2	否		

续表

序 号	项 目	可得分	强制项	加权系数	加权值
4	安全性（Security）	2	否		
ECO	生态（Ecology）	9		12.0%	1.33
1	场地的生态价值（Ecological value of site）	1	否		
2	提高场地的生态价值（Ecological enhancement）	1	否		
3	保护生态物种（Protection of ecological features）	1	否		
4	改变场地的生态价值（Change in ecological value of site）	4	否		
5	建筑足迹（Building footprint）	2	否		

（来源：Code for Sustainable Homes Technical Guide 2010）

4.2.2 绿色建筑相关推动政策

在完备的法律基础上，英国还制定了一些促进绿色建筑及相关技术发展和应用的推动政策，包括经济激励和强制两个方面，这些配套政策对普及绿色建筑相关理念、促进环保技术应用和市场需求的形成都起到了重要作用。

（1）经济激励政策

英国政府为了鼓励绿色建筑和建筑节能，利用公共财政进行支持，制定了节能激励、碳排放约束与规范等方面的财税政策，包括开征能源税、优惠贷款、税收减免、节能补贴等。

1）开征能源税。在英国所有用户的电费中都包含有化石燃料税，税率为2.2%，用于可再生能源发电的补贴，这样既可以促进节能减排，又对可再生能源的应用起到了推动作用。

2）优惠贷款和税收减免。由英国政府资助的节能信托基金（Energy Saving Trust）于1993年建立，由主要为住宅节能改造计划提供补助、鼓励企业和家庭购买节能产品、帮助企业和家庭自主发电，并对节能设备投资和技术开发项目提供贴息贷款或免（低）息贷款[26]。此外，英国政府制定了节能设备目录，如果企业采购目录中的设备，就可享受加速折旧的优惠政策，相当于抵免了7%的所得税。其他税收优惠政策还包括：凡高于国家标准的节能建筑，将享受40%的印花税优惠，而零碳建筑则免征印花税[27]。同时，英国政府还于2006年推行了"绿色家庭"计划，规定凡是在家中安装太阳能装置、屋顶式风力发电机等设备的家庭都可以将产品附加税从17.5%减少至5%。

3）节能补贴。英国各地政府都制定了节能补贴计划（如英格兰的Warm Front计划、威尔士的Home Energy Efficiency Scheme计划、苏格兰的Energy Assistance Package计划和北爱尔兰的Warm Homes计划），对施行住宅节能改造或购买节能产品的居民给予补贴[28]。此外，英国还制定了其他专项节能补贴计划，如英国政府拨款1千万英镑改造英国境内中小学校，以减少其二氧化碳的排放量。

（2）强制政策

1）对于公共建筑，英国将公共建筑作为推动建筑节能和绿色建筑发展的重要突破口，对其提出了强制性要求，以起到示范作用，并带动相关技术的发展和应用。如自2008年6月起，英国根据每幢公共建筑的节能情况进行等级划分并颁发能效证书，博物馆、展览馆和政府办公大楼等大型建筑的能耗情况应张榜公布，以动员社会力量加强监督，促进全国实现节能减排的目标。此外，英国还规定中央政府机关建筑物能耗应在1990年基础上降低20%，卫生保健部门2010年能耗应在2000年的基础上降低15%[29]。

2) 对于民用建筑，为了改善民用建筑节能效果，英国政府也酌情制定了强制性要求。如规定新建筑设计时，必须综合考虑光照、风力等各方面的节能问题，开工前必须有获得当地政府批准的建筑能耗分析报告，否则不得开工建造。

4.3 英国绿色建筑评价体系

英国绿色建筑评价体系主要包括绿色建筑评价测算工具和评价标准两个方面，二者各有侧重，但却相辅相成。绿色建筑评价测算工具主要对绿色建筑相关性能测评提供技术支撑，绿色建筑评价标准则主要依据这些测评工具对建筑性能进行综合评估。目前英国比较常用的绿色建筑评价测算工具和评价标准如下（见附表3）。

4.3.1 绿色建筑评价测算工具

（1）英国建筑研究院居住建筑能耗研究模型

英国建筑研究院居住建筑能耗研究模型（Building Research Establishment Domestic Energy Model，BREDEM）是由英国建筑研究院（BRE）于1980年开发的模拟计算程序，主要计算居住建筑的采暖、生活热水、炊事、照明和家用电器等方面的能耗。目前BREDEM有两个版本，分别为计算年度能耗的BREDEM 12和计算月度能耗的BREDEM。该研究模型主要功能是根据已有的相同建筑类型的能耗数据，基于一般的居住人口密度，预测参评建筑的年均能耗、燃料成本和碳排放密度[30]，也可以根据实际的不同居住人口规模对居住建筑的年均能耗、化石燃料的成本和碳排放密度进行模拟和预测，这样可以相对精确地预测居住建筑的实际运行能耗。

（2）标准评价工具

标准评价工具（Standard Assessment Procedure，SAP）是英国于1995年建立在BREDEM 9基础上开发的建筑能源评价工具，被英国政府推荐使用，为许多能源评价标准提供了基础能效标准值的测量方法，如《建筑法规》中的能源标准（适用于英格兰、威尔士和北爱尔兰）、节能信托基金的《最佳示范能源标准》（Best Practice Energy Standards）和《可持续住宅规范》（The Code for Sustainable Homes）。SAP也被运用到新建筑能源证书（EPCs）的基础计算中。

SAP假设所有的建筑都位于英国的奔宁山脉以东（East Pennines）地区，使用统一的居住人口数、能耗水平来计算住宅建筑中供暖、热水和内部照明所产生的单位建筑面积年均化石燃料使用量[31]。SAP方法将建筑的节能性能按照SAP计算值从1到100给分，用以表示从"低能效"到"高能效"，超过100分的住宅建筑被认为是"零能耗建筑"。既有建筑的能效水平可以使用SAP的另外一个版本《数据精简版评价工具》进行测量。这一版本与新建建筑版的SAP不同，减少了很多建筑部位的能效水平测量，比如外墙和地面的围护结构、窗户和通风，是既有建筑的能源证书EPCs的节能性能测算的基本工具。

(3) 精简版建筑能耗模型

与 SAP 一样，精简版建筑能耗模型（Simplified Building Energy Model，SBEM）也是英国政府推荐的建筑能耗的评价系统。SBEM 由英国建筑研究院（BRE）开发，主要针对非居住建筑（以商业建筑为主）进行评价。英国政府依据 SBEM 对新建商业建筑碳排放强度的测算结果，决定是否颁发能效证书 EPCs[32]。

(4) 被动式节能屋规划工具

被动式节能屋规划工具（Passive House Planning Package，PHPP）是由德国开发的绿色建筑测算工具，在英国应用非常广泛，被英国环保建筑协会（The Association of Environmental Conscious Buiblings，AECB）低碳标准和德国被动式节能屋标准（Passivhouse Standard）指定为专门测量工具。PHPP 主要为建筑围护结构热工性能的 U 值计算、能量平衡、通风系统舒适性设计、建筑供暖负荷和夏季舒适性改善等提供依据[33]，其核心是一张结构复杂的 Excel 工作表，包括（年均或计算月均）供暖能量平衡计算、能量分布、供电以及用电需求的计算等。PHPP 在欧洲用户众多，并且以可靠性和准确性闻名于世。与 SAP 相比，PHPP 更加复杂，要求更详细的信息输入，适合更加有经验的用户操作。

(5) 英国医院环境评价工具

英国医院环境评价工具（NHS Environmental Assessment Tool，NEAT）由英国国民卫生服务机构（National Healthcare Service，NHS）制定，用于评价医院日常运行对环境的影响。同时，NHS 还要求英国境内的医院建筑必须达到 BREEAM 评价标准的"优秀"等级，旧建筑改造要达到"优良"等级。

4.3.2 绿色建筑评价标准

除了上一节提到的适用于绿色建筑能效和碳排放的评价工具外，在英国与绿色建筑相关的评价标准也很多。

(1) 英国建筑研究院环境评价方法

英国建筑研究院环境评价方法（BREEAM）由英国建筑研究院（BRE）制定，是全球最早的绿色建筑评价体系。目前全球获得 BREEAM 认证的项目约有 11.5 万栋建筑，将

图 4-6　BREEAM 认证标识

图 4-7　BREEAM 认证证书

近 70 万栋正在申报。BREEAM 评价体系从节能性能、运营管理、健康和福利、交通便利性、节水、建材使用、垃圾管理、土地使用和生态环境保护等 9 个方面进行评分。9 类指标得分必须满足 BREEAM 各类指标类别最低分值（见表 4-5），之后将 9 个指标类别的得分与对应的环境权重进行相乘，得到每个类别的分数并汇总，然后再加上创新得分（BREEAM 的创新得分标准见表 4-5）得到评价的最后总分。评价结束后提交完整的评价报告至 BRE。BRE 视最后总分情况，对照 BREEAM 的评价等级基准值，将达到参评项目评为合格、良好、优良、优秀、杰出（见表 4-6），与此对应的为（一星、二星、三星、四星和五星五个等级）并根据得分等级给参评项目颁发证书。

2011 BREEAM 新建建筑的最低标准 表 4-5

BREEAM 评价指标	BREEAM 评级/最低的分数				
	合格	良好	优良	优秀	杰出
管理类 1-可持续性采购	1	1	1	1	2
管理类 2-考虑周到的施工人员	—	—	—	1	2
管理类 4-使用权者参与项	—	—	—	—	1
健康宜居类 1-视觉舒适度	1	1	1	1	1
健康宜居类 4-水质	1	1	1	1	1
节能类 1-CO_2 减排	—	—	—	6	10
节能类 2-能源的可持续使用-分项计量	—	—	1	1	1
节能类 4-低碳/零碳技术	—	—	—	1	1
节水类 1-水量消耗	—	1	1	1	2
节水类 2-水表计量	—	1	1	1	1
节材类 3-可靠的材料源	3	3	3	3	3
废弃物类 1-施工废弃物管理	—	—	—	—	1

（来源：BREEAM 2011-Scoring and Rating BREEAM Assessed Buildings.）

2011 BREEAM Datacenter 评价体系的等级基准值百分比 表 4-6

BREEAM 评价等级	得分
不够级	<30%
合格	≥30%
良好	≥45%
优良	≥55%
优秀	≥70%
杰出（获得杰出等级还需满足杰出类的各项指标最低得分，提交项目信息材料供 BRE 作为参考案例，并在 3 年内参加 BREEAM In Use 认证）	≥85%

根据建筑类型的不同，BREEAM 评价体系共有 15 种版本可供选择（见表 4-7）[34]。

BREEAM 的评价体系 表 4-7

序号	BREEAM 子类评估体系	BREEAM 子类评估体系内容和特点
1	BREEAM 办公建筑评价体系 BREEAM Offices	适用于新建办公建筑、办公建筑重大改造、办公建筑装修项目评价
2	BREEAM 零售业建筑评价体系 BREEAM Retail	适用于普通货品的陈列和销售场所（如：购物中心、产品陈列室、DIY商店以及其他普通商店）、食品零售建筑（如：超级市场和便利店）、食物准备和服务的场所（如：饭店、咖啡馆、酒吧）、生活服务场所（如：银行、邮局、干洗店和旅行社）的评价
3	BREEAM 工业建筑评价体系 BREEAM Industrial	对新建工业建筑、旧建筑翻新和工业建筑室内装修三种项目都适用，并同时适用于专门为某一类工业所设计的厂房，以及一般普通的工业建筑
4	BREEAM 医疗建筑评价体系 BREEAM Healthcare	适用于包括专科医院、普通急诊医院、社区医院、心理医院、全科诊疗室、保健站和诊所等医疗机构评价。自2008年7月1号开始被国家健康医疗标准 NHS Environmental Assessment Tool 所代替
5	BREEAM 教学建筑评价体系 BREEAM Education	适用于小学、中学和高等院校的教学建筑评价，包括三种项目类型：新建学校、大型翻修工程和学校扩建工程
6	BREEAM 监狱建筑评价体系 BREEAM Prisons	监狱中的居住建筑、隔离区、会客室、工作坊、教育与培训场所、警卫室、接待处、厨房、健身房、医疗室、洗衣间、商店和会议室等建筑均可参加评价。目前监狱建筑参评项目只能获得 BREEAM other Building 证书
7	BREEAM 法院建筑评价体系 BREEAM Courts	适用于皇家刑事法院、刑事法院、郡法院、地方法院、家事法院、青少年法院、联合法院和民事法院评价。目前法院建筑参评项目只能获得 BREEAM other Building 证书
8	BREEAM 新建住宅建筑评价体系 BREEAM Ecohomes：	适用于新建住宅评价，从2007年4月起被《可持续住宅规范》The Code for Sustainable Homes 替代
9	BREEAM 既有住宅建筑评价体系 BREEAM Ecohomes XB	适用于既有住宅评价
10	BREEAM 多层住宅建筑评价体系 BREEAM Multi-residential	适用于室内公共区域面积超过室内净面积10%的多层住宅建筑，对建筑的设计建造和运营管理进行评价
11	BREEAM 社区建筑评价体系 BREEAM Communities	在社区规划阶段可以进行BREEAM社区建筑的评价，评价的对象包括居民的工作、购物、学习和休闲娱乐场所
12	BREEAM 建筑评价体系 BREEAM Domestic Refurbishment	适用于住宅装修项目评价
13	BREEAM 建筑运行评价体系 BREEAM In Use	适用于既有建筑运营管理评价
14	BREEAM 其他类别建筑评价体系 BRE EAM other Building	适用于不属于办公建筑、零售业建筑、工业建筑和医疗建筑的非住宅建筑项目评价
15	BREEAM 国际评价体系 BREEAM International	BRE环球公司 BRE Global（BRE的姐妹公司）于2008年推出了BREEAM国际版 BREEAM International Scheme，为除英国以外的国家和地区提供绿色建筑的评价工具和标准。根据不同的需求，BREEAM国际版包括国际标准体系、国家定制体系、国际建筑定制体系和国际活动体系

(2) 国家住宅能源评价体系

国家住宅能源评价体系（The National Home Energy Rating，NHER）由英国国家能源机构（National Energy System，NES）于 1990 年制定并施行。NHER 根据建筑所处地域和实际环境的差异，对其围护结构等方面的技术参数限值都提出了不同规定。同时，NHER 允许用户输入实际的居住人口数目、建筑实际的能耗值，据此得出的建筑整体能耗值、碳排放密度和运营成本将更加准确。NHER 采用打分的方式对参评建筑进行评分，得分范围为 0～20 分，英格兰地区参评建筑的平均 NHER 得分为 4.5～5.5 分[35]，如果得 20 分，该参评建筑则可被评为零碳建筑且运行成本为零。NHER 针对既有居住建筑、新建居住建筑、非居住建筑和公共建筑，按照节能性能提供四种能源证书，并规定了测算的模型和工具[36]。

(3) 生态住宅既有建筑标准

英国建筑研究院（BRE）在英国房产住宅协会（Housing Corporation）的资助下，于 2006 年 6 月开发了生态住宅既有建筑标准（Ecohomes XB），主要针对既有建筑进行环境影响评价和认证。该评价标准涵盖了建筑节能减排的各个方面，包括围护结构（屋顶、空心墙、外墙地板等）、供暖（建筑分区、锅炉性能等）、照明（节能灯泡等）、窗（门廊）、通风（自然通风）、可再生能源（光伏发电板、热电联供、太阳能和风能、地热能等）、节水（雨水回用、中水回用、喷灌头、双挡抽水马桶）、交通（公共交通）以及其他节能减排技术和产品，并主要按打分的方式进行评价。

(4) 英国皇家建筑设施工程师学会基准

英国皇家建筑设施工程师学会基准（The Chartered Institute of Buildings Services Engineers Benchmarks，CIBSE）由英国皇家建筑设施工程师学会（The Chartered Institute of Buildings Services Engineers，CIBSE）制定，主要对建筑能效和可持续设计提出综合性建议，包括各类型建筑（新建和既有建筑）的能效水平基准，范围更大的环境影响标准，用于测量既有建筑能效的 CIBSE 能效评价方法（TM22）和能效基准测量方法（TM46）。

(5) 被动式节能屋标准

被动式节能屋标准（The Passivhaus Standard）于 20 世纪 90 年代起源于德国，该标准以其高度的可靠性和准确性获得了欧盟委员会的支持，并在全欧洲被广泛使用，特别是在英国低碳住宅建筑市场，有超过 6000 个住宅项目是根据该标准进行设计建造的，而且英国环保建筑协会低碳标准也是以被动式节能屋标准为范本制定的。该标准强调可再生能源（如太阳能、地热能等）的使用，通过新风热回收、被动式通风、加强围护结构减少热量损失等各种被动式设计来确保以最低的能耗达到适宜的室内温度。该标准还对建筑的各项设计提出最低运行值，其核心要求是建筑的年单位面积热量需求不能超过 $15kwh/(m^2 \cdot 年)$，而一次能耗不能超过 $120kwh/(m^2 \cdot 年)$。同时，该标准对门、墙的 U 值、窗户空气渗透率、全屋机械新风量等都有要求[37]。最近也有非住宅建筑使用被动式节能屋标准进行评价的案例出现。这说明该标准有向综合性节能建筑标准发展的趋势，以适用于不同建筑类型。

(6) 地方规划标准评价体系

地方规划标准评价体系（Assessment against Local Planning Standards）是新建建筑

为申请规划许可证而进行能耗或者碳减排测量时必须满足的标准，也被称为"莫顿准则"（Merton Rule）。该标准可以增强建筑可再生能源和新能源的使用，减少新建建筑的化石燃料的使用和碳排放，但在实际应用中存在的问题较多，还有待进一步改进。

（7）办公建筑能耗标准

办公建筑能耗标准（Energy Use in Offices）由英国碳信托基金（Carbon Trast）制定，针对四种办公建筑类型设计了不同评价版本[38]，以提升办公建筑的节能效果。

（8）节能信托基金最佳示范能源标准

英国节能信托基金最佳示范能源标准（Energy Saving Trust：Best Practice Energy Standards，EST）由英国节能信托基金制定，以提高英国居住建筑在设计、建造和改造过程中的节能水平为宗旨。该标准最大的特色是比英国建筑法规的要求更加严格，并将建筑按碳排放水平分为良好示范、最佳示范、领先示范三个等级[39]。

（9）环保建筑协会低碳标准

环保建筑协会低碳标准（AECB Carbon Lite Standards）是英国环保建筑协会（The Association of Environmental Conscious Buildings，AECB）低碳科研项目"Carbon Lite Program"（获得英国碳信托基金资助）的成果。该标准的核心内容是对建筑的能耗设置了银级、中级和金级三个级别的最低运行值，以提高建筑的节能性能，降低碳排放量[40]。

（10）英格兰和威尔士的中学建筑环境标准

英格兰和威尔士的中学建筑环境标准（Middle-school Building Standard for England and Wales）是由英国中央政府有关中学建筑项目简报中提出的，要求新建学校建筑要达到BREEAM的"良好"、"优良"或"优秀"标准[41]。

4.3.3 英国 BREEAM 认证项目案例

"伦敦7多办公大楼"位于伦敦泰晤士河畔，总高10层，建筑面积60000m^2，该项目获得了BREEAM办公建筑优秀级奖。项目优势是通过业主、设计方、咨询顾问、施工单位和使用者的密切沟通合作，不仅在技术运用上成为卓越案例，同时也取得了良好的投资收益，并且被使用者评为"最佳工作场所"。

建筑从可持续角度上，达到了最大投资回报率，实现了业主设计初衷，在运营过程中获得持续收益。虽然一些低能耗技术尚未在运行阶段使用，如雨水回收，但其技术已融入在建筑设计中，可以很容易增加实现。该项目初始投资非常可观，回收周期是4～5年。项目设计运用了多种低碳、可持续设计理念和建造技术，主要包括：

1）建筑墙体保温性能良好，并采用了双层Low-E玻璃以降低热传导；
2）使用可持续的生物燃料进行部分能源供给；
3）安装冷水机组热回收系统以提高空调机组的使用效率；
4）现场施工过程中尽可能多地采用可循环、可再利用材料，以及低碳或零碳建造技术；
5）安装了水系统计量监测系统和能耗监控系统；
6）建立了一个新技术展示学习中心，让人直接感受到可持续技术的集成应用。

项目在建筑施工阶段进行了严格监管，以减少建筑垃圾。该项目80%的建筑材料为可

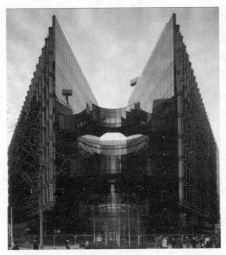

图 4-8 "伦敦 7 多"办公大楼

回收的建筑材料；对 95％的垃圾进行了分类收集处理、填埋或回收再利用。且尽可能多地使用预制构件建造，将可持续发展理念贯穿项目设计、工程咨询和施工全过程。

值得一提的是，该项目的能源解决方案采用了三种能源技术集成系统，建筑能耗主要可分为制冷、采暖、照明和机组能耗，其中建筑用能 35％用于采暖，余热通过吸收式冷水机组 20％用于建筑制冷，与此同时输出废热。地外，建筑还通过生物燃料供给发电机，承担 25％的建筑照明用能（见图 4-9）。

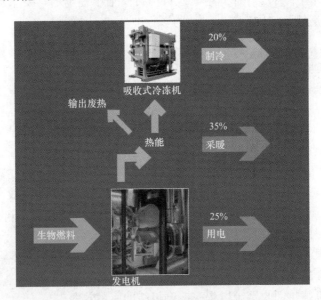

图 4-9 "伦敦 7 多"办公大楼用能系统

全方位监测系统提供了运行过程中的建筑能耗、水耗监控，确保建筑的碳排放满足设计要求。办公大厦可通过室内传感器，根据室内光线及温度，自动调控建筑照明和空调系统，与此同时，大厦的使用者可通过自己的电脑对所属办公区域的照明和空调进行调节。通过采用以上低碳建筑技术，该建筑比同类建筑在运行过程中可减少 70％的碳排放。

4.4 英国绿色建筑政策法规和评价体系的特点与启示

4.4.1 英国绿色建筑政策法规体系的特点

(1) 政策法规体系完善，责任明确严格

健全的政策法规体系是绿色建筑顺利推行的基础。英国自20世纪90年代起建立了健全的建筑节能和绿色建筑相关的政策法规体系，是绿色建筑工作规范发展的重要保障。这些完善的政策法规体系为制定监管政策、检测标准以及质量认证提供了有力的依据，为绿色建筑的发展提供了强大的法律支撑。

(2) 创新采用打分制的强制建设标准

与其他国家和地区的强制性标准不同，英国首次采用打分制的方式编制了一个必须强制执行的标准《可持续住宅规范》。该标准的出台意味着绿色建筑真正意义上得到了立法的认可，有了法律依据。这也是英国城镇化发展模式转变的一个实质性的信号，是对传统政策标准体系的一次成功的改革。

(3) 充分发挥了评价工具对评价体系的支撑作用

缺乏评价工具的评价体系，就像不用计算器做计算一样，永远只能做简单的加减法（有时候连乘除法都不愿做），使得评价体系的科学化发展受限。英国开发了完备的绿色建筑评价工具作为实施绿色建筑评价体系的支撑，很好地提高了绿色建筑评价体系的操作性和科学性。

(4) 为适应市场，评价体系更新及时

以BREEAM为例，根据建筑标准和法规的变化、业内新技术的发展和常规技术的提升，每年8月更新一次。评估内容从建筑单体的环境性能出发，但并不局限于建筑自身，而是扩展至住宅小区环境，乃至社会环境。评估体系与现行技术体系紧密结合，适应具体条件下的发展需要，通过设置明确的量化数据和具体要求，加强市场运作和政府引导的结合。

4.4.2 对我国绿色建筑发展的启示

英国绿色建筑政策法规和评价系统对我国绿色建筑发展的启示主要有以下几个方面：

(1) 完善的政策法规体系是绿色建筑稳步发展的基础

英国的绿色建筑政策法规包括欧盟国际条约和本国政策法规，本国法律根据法律效力自上而下又包括法案、法规和标准规范等内容，范围从建筑能耗、碳排放、施工安全到建筑材料、建筑产品以及家用电器等，均有明确的标准要求。目前我国中央和很多地方都提出了不少绿色建筑的发展目标和规划，但尚未成体系。因此，应在此基础上开展系统的绿色建筑政策法规研究，建立完善的法律法规体系，使我国的绿色建筑发展真正成为一盘棋，而不只是零星几点。

(2) 通过经济激励政策培育绿色建筑市场

英国绿色建筑推动政策虽然也是既有强制也有激励，但明显是以经济激励为主。因为，通过科学合理的经济激励政策，可以调动市场的需求和企业生产相关产品、建设绿色建筑的积极性，从而成功培育了英国的绿色建筑市场。当然，这得益于其对市场作用的深刻认识和理解，我国在这方面还需投入更多的精力，出台相关政策，通过政府引导带动市场的发展。

（3）完善的绿色建筑评价标准体系及其配套工具

多种评价方法和健全的评价体系使对绿色建筑评定和运行管理有据可依，且评价标准更新较快。同时，英国还制定了多样的绿色建筑评价测算工具，为评价工作开展提供了有力的技术支撑。我国出台的绿色建筑评价标准在实施层面，往往出现评价软件或评价工具使得评价结果不可信或不准确的现象。今后可以借鉴英国经验，尽快制定相应的技术支持体系（如模拟评价工具等），同时，加快标准更新速度，与技术进步和社会需求变化保持一致，为绿色建筑发展奠定坚实的技术基础。

第5章 日本绿色建筑政策法规及评价体系

日本作为一个岛国，能源资源都十分匮乏，能源安全问题一直是政府的头等大事。特别是近年来地球温暖化日益严峻，全球环境问题日益突出，在日本有40%的CO_2排放量与建筑业有关（见图5-1）。

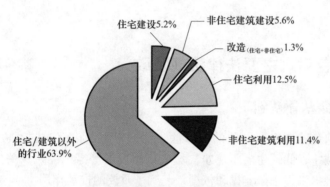

图5-1 日本温室气体排放情况

5.1 日本绿色建筑发展背景与历程

为推广建筑节能，日本建筑节能标准不断更新，从最早的《旧节能基准》，到后来的《新节能基准》，直至现在执行的《下一代节能基准》，对建筑节能都提出了严格要求。

在加强建筑节能的同时，日本对建筑与环境的共生关系，以及建筑品质的提升尤其关注。日本建筑环境与节能协会（Intitate for Building Environment and Energy conservation，IBEC）从1998年开始实施"环境共生住宅认定制度"，并于2000年颁布《住宅品质确保促进法》，其中包含了重要的"住宅性能标识制度"。之后，由于住宅气密性提高以及复合建材使用所导致的病态建筑（Sick House）问题不断出现，2003年日本政府出台了《病态建筑法》，对限制挥发甲醛建材的应用以及机械通风等进行了强制规定，对建筑室内环境的改善起到了促进作用。

随着世界范围内对绿色建筑的普遍关注，日本可持续建筑协会（The Japan Sustainable Building Con-Sortium，JSBC）于2001年开展了日本绿色建筑评估系统——建筑环境性能效率综合评估系统（Comprehensive Assessment System for Building Environmental Efficiency，CASBEE）的研发工作，并于2003年颁布了针对新建建筑的评估标准，正式开始了绿色建筑的评估工作，之后评价体系不断完善，可评价的建筑类型也逐渐增多。同时，日本很多地方都在积极推广绿色建筑，目前已有24个市、县开展了CASBEE的地方认证工作，截至2012年3月，一共在相关网站上发布了8700多条评价结果。

此外，随着住宅保温隔热的推进、普遍生态意识的提高，日本于2005年颁布了《自立循环型住宅设计导则》，主要对住宅节能程度进行衡量。日本建筑环境与节能协会（IBEC）于2007年成立了"健康维持增进住宅研究会"，基于"健康资本（health capital）"开展了一系列有关住宅健康的研究。2009年起，日本可持续建筑协会（JSBC）开始了全寿命周期减碳（Life Cycle Carbon Minus，LCCM）住宅的研究，旨在通过为利用节能技术、节能生活方式以及可再生能源以降低住宅全生命周期的二氧化碳排放。2012年7月日本政府制定了"低碳住宅与公共建筑路线图"（Roadmap for Low Carbon Housing and Building），提出了建筑节能减碳的目标和实施办法。之后于2012年12月出台的《低碳城市推进法》（Low Carbon city Promotion Law），第一次以立法的形式对低碳建筑的认证和低碳城市的建设提出了要求，体现了日本对绿色建筑的关注，从单体向区域规划和城市层面的转变。

5.2　日本绿色建筑主要法律法规及政策

5.2.1　绿色建筑法律基础

日本未针对绿色建筑出台专门的法律法规，但很多法律都对国家应对环境变化的措施、建筑业节能减排、低碳住宅与建筑、城市低碳发展等绿色建筑相关内容提出了要求，为绿色建筑的发展提供了法律支撑和依据，起到了重要的推动作用。

(1) 节能法

日本于1979年制定了《节能法》（正式名称为：能源使用合理化法，"エネルギーの使用の合理化に関する法律"），该法与节能基本方针、节能判断基准结合，强化了企业计划性和自主性的能源管理，规范了政府、企业和个人之间的用能管理关系和节能行为，是日本开展节能管理的工作基础。为使节能工作更贴近实际、提高工作效率及拓宽监管范围，1983年、1993年、1998年、1999年、2002年、2005年和2008年日本又先后多次对《节能法》进行了修订。目前，《节能法》已从原来的生产领域延伸到运输部门和生活领域。此外，与节能法配套的法律与政令还包括《节能法实施令》（エネルギーの使用の合理化に関する法律施行令，2009年最新修订）和《节能法实施规定》（エネルギーの使用の合理化に関する法律施行规则，2010年日本经济产业省最新修订）。

2008年最新版《节能法》主要针对温室气体减排提出了相关要求：对于大型建筑物（建筑面积2000m² 以上）除了必须提交建筑节能报告书外，2009年4月1日以后如果大型建筑物节能措施明显不完善且未贯彻改善要求，管理部门将进行公示，并责令其进行整改。同时要求新建独立住宅应采用一定的技术措施改善节能效果。此外，还要求中小规模的建筑物（建筑面积300～2000m²，称做第二种特定建筑物）自2010年4月1日起，有义务在新建与改建时向管理部门提交节能报告，以及节能设备维护保养的相关报告。

(2) 地球温暖化对策推进法

为了应对日益严峻的地球温暖化并实现"京都议定书"的目标，日本于1998年颁布了《地球温暖化对策推进法》（地球温暖化対策の推進に関する法律），并于2008年进行修订。根据该法要求，日本"地球温暖化对策推进总部"于2002年制定了具体的"地球温暖化对策推进大纲"（地球温暖化対策推進大綱），提出了日本应对地球温暖化的具体政策，其中对建筑节能减排也明确了具体要求，主要包括：

1) 普及与推进节能性能优良的住宅与建筑。通过住宅金融金库融资、节能法的引导、节能相关性能标识制度的充分利用、技术人员的培养、相关企业的自主行为等，普及推广节能性能优良的住宅与建筑。

2) 针对公共住宅与公共建筑的对策。推进公共住宅节能措施的实施及环保型政府设施（绿色厅舍）的建设。

（3）促进住宅品质保证法

日本于2000年4月1日颁布了《促进住宅品质保证法》（并于2009年进行修订），主要规定了三方面的内容：一是新建住宅基本构造部分的瑕疵责任担保期为"10年义务制"；二是确立了针对各种住宅的"住宅性能标识制度"；三是设立为迅速解决纠纷的"指定住宅纠纷处理机关"。

（4）长期优良住宅普及促进法

2008年11月，日本国会参议院全体会议通过了《长期优良住宅普及促进法》决心普及可供几代人居住的"二百年高品质住宅"，从而大幅减少废旧房屋拆除造成的建材垃圾量。为普及"二百年高品质住宅"，各地方政府将根据房屋零售公司提出的新建住宅计划，审查其结构和设备是否适合长期使用，合格者将获得认证。同普通住宅相比，"二百年住宅"的建筑费要高出两成左右，为减轻这一负担，购房者可享受固定资产税等方面的优惠政策[42]。

（5）低碳住宅与公共建筑路线图

2012年7月日本国土交通省、产业经济省和环保省联合发布了"低碳住宅与公共建筑路线图"，提出了推动低碳住宅与公共建筑的具体政策措施、设计要求、发展目标和产业扶持政策，特别还将既有建筑节能改造作为了重点工作内容（见图5-2）。

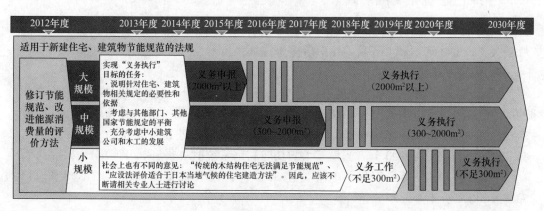

图5-2 日本低碳住宅与公共建筑路线图

（6）低碳城市推广法

2012年12月日本国土交通省、产业经济省和环保省产联合制定并出台了《低碳城市推广法》，针对建筑物低碳化、都市技能集约化、公共交通低碳、城市绿化、水资源优化利用、太阳能等可再生能源利用等提出了具体要求。通过创新低碳技术和改变生活方式，最终实现城市的清洁发展、高效发展、低碳发展和可持续发展，体现日本对区域规划和整个城市低碳发展的关注（见图5-3）。

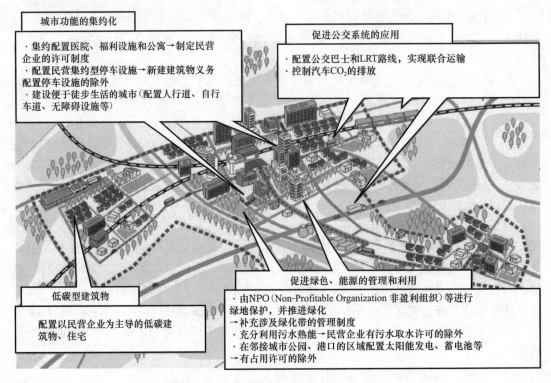

图5-3 日本低碳城市规划图

5.2.2 绿色建筑相关推动政策

日本制定了财政补贴、税费减免、利率优惠和表彰奖励等推动政策，主要从"节能"、"低碳"、"长寿住宅"和"环境共生"等多个方面来推行与贯彻绿色建筑理念。

（1）住宅生态积分制度

为推动建筑节能与促进经济复苏，日本政府于2009年12月8日批准了住宅生态积分制度，并从2010年3月8日开始接受申请。该制度对满足相关要求的新建生态住宅和生态装修的业主给予一定生态积分，充当交换各种商品以及建设的费用。对于新建生态住宅，每户可以得到300000分，当设置太阳热能利用系统时可得到320000分。对于进行生态装修的住宅，每户得到积分的上限为300000分，或者根据工程内容的不同可以得到2000～100000分不等的积分。

（2）财政补贴

财政补贴是日本推动绿色建筑相关技术和设备应用的主要措施，对满足一定条件的环境共生街区示范、高效能源系统应用、CO_2减排、太阳能发电系统应用、民生用燃料电池应用、高效热水器应用、长寿命住宅和无障碍改造等给予财政补贴（见表5-1），为绿色建筑发展奠定了良好基础。由于很多补贴政策都与绿色建筑相关标准和规范挂钩（如CASBEE），故此对绿色建筑的发展和理念的传播都起到了推动作用。

财政补贴政策

表 5-1

序号	政策名称	政策内容
1	环境共生住宅街区示范项目	日本从1993～2008年推行了"环境共生住宅街区示范项目"（環境共生住宅市街地モデル事業），该项目以防止地球温暖化、构建低碳社区为目的，给予工程造价三分之一的补助，具体补助内容为： (1) 调查设计费，包括对对象区域的气温分布、风向、地下水文地质条件、动植物生息状况的调查费用，以及环境共生型住宅街区的设计费用； (2) 环境共生设施费用，包括透水性铺装、雨水渗透设施、绿化设施、垃圾堆肥设施、雨水和中水利用设施、太阳能等清洁能源利用设施、热电联产设施等； (3) 采用工业化集合住宅技术的费用； (4) 循环建材使用的相关费用
2	住宅、建筑物引进高效能源系统促进项目	对在企业以及建筑物中引进建筑能源管理系统（Building Energy Management System，BEMS）所需费用进行部分补贴。 补贴对象为：建筑业主（所有者）、能源管理企业、出租企业。 补贴条件为： (1) 将BESM引进已建、新建、增建和改建的建筑物； (2) 通过引进BESM可以减少能源消耗量； (3) 可以对每个设备区域进行能源计量； (4) 建立可以收集计量、测量数据并进行保存的管理体系； (5) 引进后3年达到上述要求，即可申请补贴。 补贴率为：整个系统费用的1/3，上限为1亿日元
3	住宅与建筑CO_2减排先导事业	该项目从国家层面收集CO_2减排性能较好的住宅与公共建筑项目，在预算范围内给予一定经济补贴。补贴范围包括： (1) 新建住宅与公共建筑； (2) 既有住宅与公共建筑改造（不仅包括单体，也包括街区或者住宅小区）； (3) CO_2减排管理系统设置； (4) CO_2减排相关技术鉴定（社会示范、展示等）。 补贴条件为： (1) 满足《下一代节能基准》要求； (2) 导入先进技术，CO_2减排效果较好； (3) 新建与改建项目的CASBEE评价在B+以上（住宅改建不需要）； (4) CO_2减排效果需要计算（采用CASBEE计算方法）。 补贴涵盖的内容为：建设相关的设计费、施工费、管理系统导入费等，且合计在总费用的1/2以内
4	NEDO高效能源系统导入促进事业	新能源与产业技术综合开发机构（New Energy and Industrial Techndogy Development Organization，NEDO）指定的高效能源系统（空调、热水、太阳能光电等）用于新建、增建、改建住宅时，国家给予部分补贴。 补贴条件为： (1) 按照《下一代节能基准》建造的新建建筑，采用上述高能效系统时一次能源消耗与标准消耗量相比减少25%以上； (2) 新建住宅申请了"性能标识"认定，节能等级评定为4级； (3) 既有住宅在重新装修中引入上述高效系统，可减少上一年能耗的25%以上； (4) 对既有住宅进行保温隔热改造时，改造部面积占总面积的1/2以上，并对空调房间全部进行了改造； (5) 既有住宅不进行保温隔热改造时，进行空调设备改造的建筑面积占总建筑面积的1/3以上； (6) 采用指定高效能源系统或进行保温隔热改造后，连续3年汇报电力、燃气、燃料油使用量，并协助进行相关问卷调查。 补贴金额为：工程造价的1/3以内，但不能与住宅的生态积分重复获得

续表

序号	政策名称	政策内容
5	住宅用太阳发电导入支援对策补助金制度	该制度对采用太阳能发电装置的住宅（包括商住两用建筑）给予经济补贴，每1kW补贴7万日元。该项补贴一般可与地方性的补贴制度并用，同时也可与生态积分并用。获得补贴需满足以下要求： (1) 所采用的太阳能电池转换效率必须达到一定要求（该制度规定了每种太阳能电池转化效率的基准值）； (2) 太阳能电池品质必须得到保证，设置后厂家需进行维护保养； (3) 最大发电量为10kW以下，系统价格为65万日元/kW以下
6	家庭用太阳热利用系统普及加速化事业	对于进行太阳热系统租赁（包括保养、管理）的企业，以1/2为上限对设备与施工费用进行补贴。施工费用的上限为每户120万日元。进行补贴的设备必须保证6年以上的保养，对集合住宅中以集中方式设置的设备保证15年以上保养。此外还需满足以下要求： (1) 系统应为强制循环式，包括集合住宅的集中设置方式； (2) 必须是由（财团法人）Better Living优良住宅产品认证的商品； (3) 集热器面积100m² 以下； (4) 不得采用二手商品
7	民生用燃料电池导入支援补贴制度	该项制度主要补贴家用燃料电池购买的费用； 补贴对象为：Ene-Farm（日本家用燃料电池联产系统）厂家或者Ene-Farm的租赁企业； 补贴方式为： (1) 补贴率为与原有热水器价格差的1/2，以及安装费用的1/2； (2) 原有热水器的费用设为23万日元，（补贴系统价格-23万日元）×0.5＋补贴系统的安装费用×0.5＝补贴费用； (3) 每台设备的补贴上限为130万日元
8	潜热回收型热水器导入支援补助金制度、燃气热电联产型热水器补贴制度	该项制度主要对潜热回收型热水器和燃气热电联产型热水器的采购进行补贴。补贴标准为： (1) 潜热回收型热水器每台补贴2万日元； (2) 燃气热电联产型热水器根据设备类型设定了不同的补贴金额； (3) 可与住宅生态积分并用
9	高效热水器导入促进事业	该制度主要对采用自然冷媒的热泵型热水器给予补贴。补贴金额为每台4万日元，采用租赁设备时同样补贴，可与住宅生态积分并用
10	长寿命优良住宅先导事业	该项制度对于按照"先导型"示范进行新建与改建住宅，每户最多补贴200万日元，补贴的对象为：新建住宅、既有住宅的改建、住宅建筑设备的维护与管理、相关技术的验证、进行相关技术信息提供与普及的部门
11	无障碍装修投资补贴	对住宅进行无障碍装修与改建，可以分别得到最多20万日元和60万日元的政府补贴
12	针对CASBEE的补贴政策	大阪市、名古屋市将获得CASBEE认证作为获得相关补贴的条件；国土交通省从2008年开始住宅建筑物低碳排放的试点，在CASBEE方面得到很高评价或在碳减排方面有很好效果的住宅，国土交通省将给予一定补贴

(3) 贷款利率优惠政策

1) 优良住宅取得支援制度。优良住宅取得支援制度由日本住宅金融支援机构制定，其规定对于符合《住宅技术基准规程》规定的住宅，最初五年的贷款利率享受0.3%的减免优惠。

2）住宅贷款优惠。日本规定长寿命优良住宅贷款的年末限定额、免除率和最大免除额都可以适当增加，例如2011年一般住宅贷款的年末限定额为4000万日元，而对长寿命优良住宅放宽至5000万日元，同时免除率为1.2%，最大免除额为60万日元。该制度可与生态积分并用。

3）针对获得CASBEE认证项目的利率优惠政策。一些地方自治体（北九州市、鸟取县和爱知县）将CASBEE作为决定独栋住宅、利息优惠、利息补偿制度的条件之一。横滨银行对三星以上新建公寓提供低于银行公示利率最多1.2%的利率优惠；住友信托银行对四星级以上新建公寓，根据星级高低，最高提供低于银行公示利率1.5%的优惠。

（4）税收减免

税收减免政策包括对住宅寿命和节能改造装修两方面的奖励（见表5-2）。

税收减免政策　　　　　　　　表5-2

序号	政策名称	政策内容
1	长寿命优良住宅促进税制	该制度规定对于认定为"长寿命优良住宅"的住宅，注册证书税、不动产取得税、固定资产税可以得到减免，且可与生态积分并用
2	节能装修投资型减税制度、节能改造促进税制	该制度针对节能装修给予税收减免的优惠。减税分为"投资型"与"贷款型"两类减税制度。 "投资型减税"适用于改造后，开始居住期间介于2009年4月1日～2010年12月31日的住宅，减税率为10%，减税限额为200万日元。当采用太阳能发电系统时，减税限额可提高至300万日元。 "贷款型减税"（节能改造促进税制）适用于改造后，开始居住期间介于2009年4月1日～2013年12月31日的住宅，且贷款年底余额限额为1000万日元，最大减税额为60万日元
3	投资型减税的特别减免制度	不使用贷款，完全利用自有资金建设长寿命优良住宅时，可以获得所得税特别减免，减免额度为每平方建筑面积进行性能强化费用的10%，减免上限为100万日元

（5）太阳能发电的剩余电力回购制度

为推动太阳能发电系统的应用，日本建立了太阳能发电的剩余电力回购制度。规定家庭太阳能发电中，多余部分由电力公司以固定价格48日元/kWh回购。该回购价格将会10年固定不变。太阳能发电系统的价格最初比较高，但随着技术发展逐渐降低。电力公司购买的电量将会使电价上浮，间接造成没有安装该系统家庭的电力支出增加，这就使得家庭越早安装太阳能发电系统获益越多。该制度还可与生态积分制度并用。

（6）Top Runner（领跑者）计划

Top Runner（领跑者）计划是日本经济产业省（Ministry of Economy, Trade and Idustry, METI）推行的一套最佳实践方法，其目的是响应日本关于合理利用能源的法规要求，降低CO_2排放量。Top Runner（领跑者）方法旨在找出市场上最高效的产品，然后以此产品为规范树立参考标准，并要求所有同类产品在指定的一段时期内必须达到该水准。在建筑领域，为实施 Top Runner（领跑者）计划，日本以 2009 年的统计数据为基础，针对住宅确定了一次能源消费量基准值。该基准将日本从北海道至冲绳分为 I-V 个大区域，每个区域设定了不同的一次能源消耗基准值。该基准值不包括居住者带入的家电制品，但包括热水、照明、太阳能热水器、太阳能发电装置等。日本在新修订的《节能法》中要求每年销售 150 栋以上住宅的建筑企业自 2013 年起所建的全部商品住宅能耗必须小于该值。

（7）表彰制度

除上述激励政策外，日本还制定了与绿色建筑相关的表彰制度，主要包括住宅与建筑奖、节能大奖、新能源大奖等（见表 5-3），对具有优良生态性能的建筑以及开发单位给予表彰，以此向社会进行宣传，在提高公众认知的同时，对促进市场需求也起到了一定作用。

表彰制度　　　　　　　　　　　表 5-3

序号	政策名称	政策内容
1	Sustainable 住宅与建筑奖（サステナブル住宅賞、サステナブル建築賞）	该奖项由 IBEC 负责实施，表彰在住宅的企划、设计、施工以及居住等整个生命周期内从长寿命化、节能、节省资源、资源循环等多方面实现了可持续性的住宅。具体实施可参见：http：//www.ibec.or.jp/hyosyou/building/index.html
2	电气化住宅年度奖（House of the Year in Electric）	该奖项由日本地域开发中心负责实施，表彰开发了大量节能、性能优异住宅（主要针对全电气化住宅）的开发单位，以向消费者普及节能住宅。具体实施可参见：http：//www.jcadr.or.jp/
3	节能大奖（省エネ大賞）	该奖项由日本节能中心负责实施，对应用高效节能的民用设备、材料以及能源利用系统的建筑进行表彰，以促进二氧化碳的减排。具体实施可参见：http：//www.eccj.or.jp/index.html
4	新能源大奖（新エネ大賞）	该奖项由日本新能源财团负责实施，表彰在新能源利用及普及活动中表现突出的企业，以进一步促进新能源的利用。具体实施可参见：http：//www.nef.or.jp/index.html

（8）提交 CASBEE 评价结果义务及公布制度

为了推动绿色建筑发展，针对一定规模（建筑面积 2000m^2 或 5000m^2）以上的新建建筑，日本部分地方条例中要求建设单位义务提交包含建筑确认申请以前经 CASBEE 评价的计划书以及施工完成时的完成报告书，提交结果会在地方自治体的网页上公布，包括建筑物名称、业主名称、设计单位、施工单位等信息，目前日本已有 21 个城市实施该项制度（见图 5-4）。此外，川崎市要求集合住宅的广告标明 CASBEE 的评价结果，并向消费者提供相关信息。横滨市要求以贩卖或租赁为目的的建筑物，做广告宣传时强制标明 CASBEE 的评价结果。通过上述制度，不仅可对绿色建筑起到宣传普及作用，也可以推动项目建设单位更主动、积极地开发绿色建筑项目。

（9）CASBEE 强制要求

日本部分地方已经开始强制推行 CASBEE 认证制度，如名古屋市从 2004 年 4 月将 CASBEE 在市区范围内强制使用，是第一个强制性执行 CASBEE 的城市。建筑面积达到 2000m^2 以上的建筑物必须接受 CASBEE 的评价。

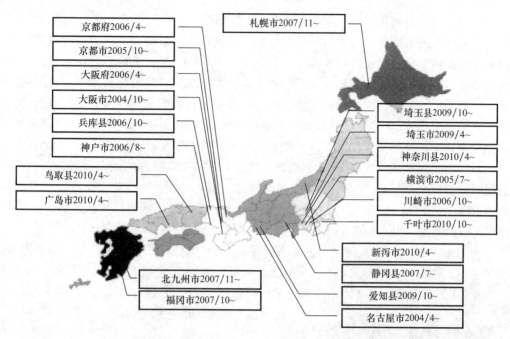

图 5-4 日本地方 CASBEE 义务化情况

5.3 日本绿色建筑评价体系

5.3.1 建筑环境性能效率综合评估系统

近年来因各国绿色建筑评估技术迅速发展,在日本国土交通省的支持下,日本可持续建筑协会(JSBC)从"削减环境负荷"和"蓄积优良建筑资产"两个方面,于 2001 年开展了建筑环境性能效率综合评估系统(CASBEE)的研发工作。自 2003 年颁布了针对新建建筑的 CASBEE 评估标准后,截至目前先后颁布了针对既有建筑、改建建筑、新建独立式建筑、城市规划、学校以及热岛效应和房产评估的评价标准,并即将颁布对都市的评价标准。

CASBEE 主要依据"建筑环境性能效率"(Building Environmental Efficiency,BEE)对建筑物进行评估。BEE 是建筑物本身的环境质量(Q:Quality)与建筑物外部环境负荷(L:Load)的比值,评估结果依据比值高低可分为:S(Excellent)、A(Very good)、B^+(Good)、B^-(Fairly Poor)、C(Poor)五个等级。冠以"红色标签"的三星级 B^+ 以上为绿色建筑。

(1)CASBEE 的核心理念

一是明确划定了建筑物环境效率评价边界。CASBEE 改进了美国 LEED,英国 BREEAM 等直接针对整个区域和地球环境容量界限进行评价的评价体系,提出了以用地边界和建筑最高点之间的假想封闭空间作为建筑物环境效率评价的封闭体系。以此假想边界为限的空间是业主、规划人员等建筑相关人员可以控制的空间,而边界之外的空间是公共空间,几乎不能控制。

在环境容量的封闭体系概念下,"建筑物的外部环境负荷"可定义为"对假想封闭空间外部公共区域的负面环境影响","建筑物环境质量与性能"则可定义为"对假想封闭空间内部建筑使用者生活舒适性的改善"。所以,CASBEE提出的建筑环境效率综合评价内容包括"对假想封闭空间外部公共区域的负面环境影响"和"对假想封闭空间内部建筑使用者生活舒适性的改善"两个方面。CASBEE将这两方面内容分别定义,并严格划分,分别进行评价。但CASBEE存在一个问题:Q类指标和L类指标的关系有正相关、负相关,或者完全不相关,这种指标相关性的不均衡会影响评价的公平性。

二是提出了建筑环境效率BEE新概念。这是日本CASBEE体系的创新点,其含义为"建筑物环境质量与性能"和"建筑物的外部环境负荷"的比值,这使建筑物综合环境性能从理念上得以明确化,在表现形式上得以简明化,使建筑环境性能的质与量建立了联系,充分体现了可持续建筑所追求的"通过最少的环境荷载达到最大的舒适性改善"的思想。

三是采用了基于BEE的绿色等级标签。采用BEE指标,使建筑物环境效率的评价结果变得简洁、明确。将评价结果表示在横轴为L、纵轴为Q的图中,BEE值则是原点$(0,0)$与评价结果坐标点(L,Q)连线的斜率。Q越大,L越小,其斜率BEE也越大,表示该建筑物的绿色水平越高(见图5-5)。

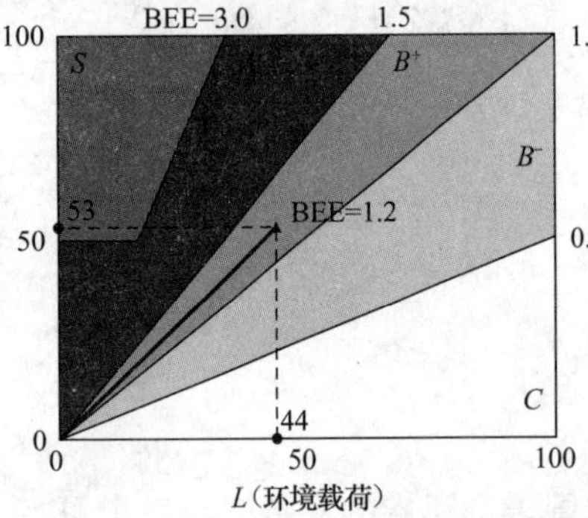

(2)认证制度

CASBEE一直作为个人软件使用,但为了保证评价的透明性和公正性,日本可持续建筑协会(JSBC)于2004年6月建立了CASBEE评价的第三方认定制度。实施主体包括日本建筑环境与节能协会(IBEC)以及IBEC认证的11个民间机构(独立住宅项目认证主体只有IBEC),对通过认证的项目颁发"CASBEE评价认证书"。同时,为保证评价工作的顺利开展,CASBEE建立了评价员

图5-5 基于BEE的建筑等级分布图

等级制度,评价员分为两种,一种是"CASBEE建筑评价员",另一种是"CASBEE独立住宅评价员"。CASBEE评价员才有资格受聘参与CASBEE的认证工作,评价员在开展相关工作中若被发现不能胜任,或存在造假行为者,将被取消等级资格。

申请CASBEE认证的项目需在获得登记的评价员帮助下填写申请表,准备相关申报材料,向评价实施主体提交申请表和相关材料,并申报由评价员认定的评审结果,申报过程一般需5个月时间,实施主体需召集相关专家组成评审委员会实施评审工作,重点审查申请材料的完整性,以及申报结果的准确性。评审时间最快需1个月。经过第三方认证的项目,将向社会公布认证结果,并颁发认证证书(见图5-6)。

此外,日本很多地方都结合自身实际情况开展了CASBEE的地方认证工作。如横滨市结合地域特点,从全球变暖、热岛效应、长寿命化和城市景观配合等四方面设立重点项目,在CASBEE评价体系基础上,于2005年推出横滨市建筑物环境性能标识"CASBEE横滨"(见图5-7),并于2006年4月启动"CASBEE横滨"认证制度。

5.3.2 住宅性能标识制度

住宅性能标识制度是日本政府为了推动优良住宅市场机制形成而出台的自愿性住宅标

第 5 章　日本绿色建筑政策法规及评价体系

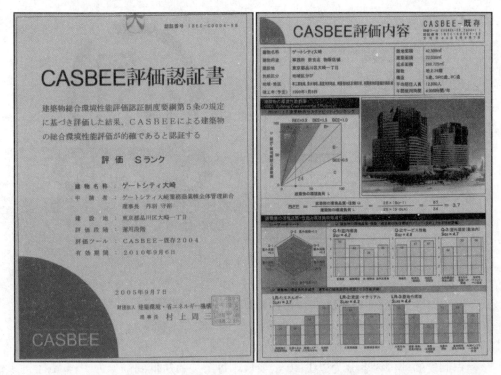

图 5-6　CASBEE 评价认证书

图 5-7　CASBEE 横滨建筑物环境性能标识

识制度，而且也是 2000 年 4 月 1 日颁布的《促进住宅品质保证法》（2009 年最终修订）所指定的住宅评价标识。主要特点为：1）采用通用标识，消费者可以进行性能比较；2）由第三方机构进行客观评价；3）标识内容可以作为住宅契约内容，实现消费者与业主的相互信任。该制度并非强制实行，而是自主行为。

　　住宅性能标识分为设计阶段的"设计性能评价"与建成后的"建设性能评价"（见图 5-8）。"设计住宅性能评价"以设计图纸为评价依据；"建设性能评价"通过现场检查，审查设计方案是否在建筑过程中得到体现。因此，"建设住宅性能评价"必须在"设计住宅性能评价"后才能申请，其评价由国土交通大臣指定的"注册住宅性能评价机构"进行，如果出现争执，可由"指定住宅争端处理机构"来进行快速公正的调节与裁决。

图 5-8　住宅性能标识

在 2000 年住宅性能标识制度推行初期，只针对新建建筑进行评价，两年后针对既有住宅建筑的性能标识制度也颁布执行。现今，安全、放心、优质、舒适的日本公寓大多都会申请该标识的评价认证，并在广告、宣传册上注明。

该标识制度的评价内容分为以下 10 个项目，每个项目从低到高分为 1~5 五个等级：

（1）结构安全性。要求柱、基础等结构体系对地震荷载具有足够的安全性。

（2）火灾安全性。要求能够尽早感知火灾，并能够使建筑内人员安全避险与逃脱，外墙、地板、屋顶耐火性强。

（3）减轻主体结构劣化。为使住宅能够长期舒适居住，要求减轻与降低柱、基础等部位使用材料的劣化。

（4）维护管理。为满足建筑物长寿命要求，日常检修、管路更新等保养维护应当易于进行。

（5）热环境。为保证冷热空调的效率，应保证围护结构具有良好的隔热性能与节能性能。

（6）空气环境。选择不挥发有害物质的建筑材料，制定针对有害空气换气的方案。

（7）光环境与视环境。根据地板面积确定外窗的面积，并根据不同方位设置适当面积的外窗。

（8）声环境。在地板、隔墙使用隔声性能好的厚重材料，保证门窗的隔声性能。

（9）适老设施。在楼梯、台阶等位置确保老人移动的安全性，保证照顾老人的无障碍设施。

（10）安全对策。门、窗等开口部位应设置一定的安全防范设施。

5.3.3　住宅节能标识制度

根据最新节能法的要求，进行建筑销售与租赁的企业必须向消费者明示建筑的节能性能。因此，日本政府推出了住宅节能标识制度，对住宅的节能效果进行评价与标识。该制度评价主体分为两种：1）第三方评价（绿色标识，见图 5-9）：由获得注册的建筑物调查机构进行评价；2）自我评价（蓝色标识，见图 5-9）：由建筑业主进行自主性能评价。

图 5-9　住宅节能绿色标识（左）和住宅节能蓝色标识（右）

该标识表示的内容分为两个部分：

（1）综合节能性能：对住宅的外墙、窗等围护结构的保温隔热性能，空调、热水等建筑设备效率等进行综合性评价，评价标准为《提高特定住宅必要性能住宅建筑业主判断基准》（特定住宅に必要とされる性能の向上に関する住宅事業建築主の判断の基準，2009年日本经济产业省・国土交通省）。

（2）外墙、窗等隔热性能：在综合节能性能的基础上，对外墙、窗等隔热性能进行评价，评价标准为：1)《合理使用住宅能源相关的建筑物业主和特定建筑物所有者判定基准》（住宅に係るエネルギーの使用の合理化に関する建築主等及び特定建築物の所有者の判断の基準），或者 2)《合理使用住宅能源相关设计、施工以及维护指南》（住宅に係るエネルギーの使用の合理化に関する設計、施工及び維持保全の指針）。

5.3.4　长寿命优良住宅认证制度

长寿命优良住宅是指与长寿命相关的性能优异，有 30 年以上的保养维护历史，住宅相关历史资料保管良好，并且按照国家指定的评价标准由地方进行认证的住宅。具体要求如下：

（1）性能：基于"住宅性能标识制度"，满足"劣化"3 级、"结构安全性"2 级、"热环境"4 级、"维护管理"3 级的要求；

（2）居住环境：有助于良好周边景观以及环境的形成；

（3）住户面积：独立住宅需大于 75m^2，组合住宅需大于 55m^2，并且一层的地板面积都要大于 40m^2（楼梯面积除外）；

（4）维护保养情况：制定了定期检修、修补等相关制度，规定了结构、防水、给水排水的定期检修时间与内容，至少每 10 年检修一次；

（5）住宅历史资料：设计图纸、长寿命优良住宅的方案、产权资料、施工照片、保养资料、装修资料等文件保存良好。

5.3.5　绿色建材认定制度

日本近年来针对建筑产业出台了多项革新措施，其中之一就是制定了对绿色建材进行评估认证的"环保标识（Eco-mark）"（见图 5-10），主要评估内容如下：

（1）健康方面：控制有害物质含量，如：铅、铬、镉、硼砂、汞、砷、重金属、恶臭、粉尘、甲醛、VOCs、芳香族、石棉、禁用防菌剂、防蚁剂、防腐剂、添加物及其他

图 5-10　日本 Eco-mark 标识

有害物质等；

(2) 高性能方面：耐久性、耐水性、强度、隔声性或吸声性、隔热性等；

(3) 生态方面：使用可回收材料、使用天然材料、森林的永续经营、节约资源、节约能源、减少热能的产生、温室效应气体和 CO_2 控制、禁用 CFCs 和氮氧化物等、制品轻量化、包装简约化、废弃物再利用、废弃物减量等。

5.3.6　下一代节能基准

日本在《节能法》颁布的第二年，即 1980 年发布了《节能基准》。在 1997 年京都会议的背景下，于 1999 年 3 月颁布了《下一代节能基准》。其后经历了数次小规模修订，2009 年进行的大规模修订主要是在地球温暖化问题日益严峻的背景下进行的。由于新修订的《节能法》规定："建筑面积 300～2000m^2 中小规模的建筑物有义务在新建与改建时向管理部门提交节能措施的相关文件，以及节能设备维护保养的相关报告"，因此为了贯彻新《节能法》，增强节能基准的可操作性与先进性，《节能基准》进行了一定的简化与修订，例如删除了气密性规定、换气设计等。这些简化与修订并非降低了保温隔热水平，而是基于日本国内 1999 年以来近十年的研究成果以及相关法律制度不断完善的基础上进行的。

《下一代节能基准》包括"建筑业主以及特定建筑物所有者的判断基准"和"设计、施工以及维护保养指南"两部分内容。该基准将日本从北至南分为五个地区，其中"建筑业主以及特定建筑物所有者的判断基准"提出了位于不同分区的住宅整体节能的基准值，"设计、施工以及维护保养指南"确定了不同分区住宅的外墙、窗等各部位的热工性能基准。

5.3.7　官厅设施环境保护基准

《官厅设施环境保护基准》针对政府机关建筑的新建、改建提出了相关环境保护要求，以提升政府公共建筑的生态性能。该基准主要采用定量化评价指标（包括：全生命周期的 CO_2 排放、全生命周期的废弃物排放量以及全生命周期的资源投入量）对建筑的设计和建设提供指导。根据该基准，建筑物性能可从以下几个方面进行"绿色"改进：

(1) 长寿命。建筑功能的可变性、构造的耐久性、非构造材料与设备的耐久性以及维护更新的容易性、建筑物维护管理的容易性。

(2) 废弃物合理使用与处理。施工废弃物的减量与再利用和再生处理、控制环境负荷较大材料的使用与合理回收、运营时期产生废弃物的适当处理。

(3) 生态材料利用。利用环境负荷较小的自然材料、合理使用热带雨林相关材料、使用易于进行再利用与再生处理的材料、使用容易进行部分更新的材料（如模块化材料）。

(4) 节能与节约资源。包括降低能耗负荷、自然能源的利用以及能源与资源的有效利用三部分。降低能耗负荷包括：1) 虑朝向与房间布置，减少外墙的热损失；2) 采用保温隔热性能好的材料与构造，降低主体的热损失；3) 采用隔热遮阳性能好的玻璃、遮阳措施，降低开口部的热损失；4) 控制室内的得热与污染物扩散，降低空调换气量；5) 采用能较好适应于能耗降低的建筑设备。自然能源的利用包括：1) 充分利用自然光，降低照明负荷；2）充分利用自然通风，降低空调负荷；3）充分利用太阳能发电、太阳能热水、热交换空调等。能源与资源的有效利用包括：1）采用综合能效高的建筑设备；2）降低电力负荷，实现负荷均衡化；3）采用适应于不同部位的控制方式，降低电梯等搬运能耗；4）采用高效灯具以及恰当的控制方式，降低照明能耗；5）采用雨水或者处理水作为杂用水，通过多种形式降低水资源消耗；6）采用可靠度高、实现最优管理的控制系统，降低综合能耗。

（5）周边环境保护。针对地域生态系统的保护，包括：1）尽量减小对地形、树木的影响，保护周边环境；2）提高绿化率、构筑水循环系统、降低热负荷、保护生态系统、缓和城市热岛效应；3）控制有害物质的排放，防止大气、水质、土壤的污染；4）关注周边环境，控制噪声、振动、风害以及光污染，保护周边居住环境，降低综合环境负荷。

此外依据《官厅设施环境保护基准》，日本还制定了《官厅设施环境保护的诊断与改造规划基准》（官厅施設の環境保全性に関する診断・改修計画基準），针对官厅设施提出了诊断与改造基本方针、目的、方法、评价等内容，确保了既有官厅设施的"绿化"。

5.3.8 环境共生住宅认定基准

伴随1990年日本"地球温暖化防止计划"的推行，日本建筑环境与节能协会（IBEC）开始进行"环境共生型住宅"研究，并于1997年成立"环境共生住宅推进协议会"，在全国推进环境共生型住宅的建设。环境共生型住宅是基于"地球环境保护"、"亲和周边环境"、"创造健康舒适居住环境"这三个环境共生理念提出的，充分考虑能源、资源、废弃物等方面环境要素，创造与周边自然环境相互和谐、共生的生活方式的住宅。环境共生住宅根据《环境共生住宅认定基准》（環境共生住宅認定基準）进行认定，需满足以下类型中的两条以上：

（1）节能型。较好降低热损失与控制太阳辐射、太阳能的被动式利用、太阳能的主动式利用、积极开发与使用尚未被开发的自然能源、利用高效设备等。

（2）资源高效利用型。较强的耐久性、采用适应于功能变化的结构体系、低排放、积极利用再生材料、高效利用水资源、生活垃圾的分类收集等。

（3）地域适应与环境亲和型。与地域环境的高度亲和、对地域水资源的充分保护、对地域绿化的积极保护、创造丰富的内外过渡空间、关注对周边街景和景观的影响、能够反映地域文化与产业等。

（4）健康舒适与安全安心型。室内外适当的无障碍化、具有充分适当的通风换气性能、全部采用兼顾人体健康与环境的建材、实现较好的隔声防噪、确保住宅性能与良好的维护管理售后服务、能够完整提供住宅性能、主体结构、材料、设备设施等相关的信息等。

5.3.9 自立循环型住宅设计导则

《自立循环型住宅设计导则》（自立循環型住宅への設計ガイドライン）由日本建筑环境与节能协会（IBEC）制定，是对生活方式节能程度进行自我评价的工具，计算包括冷热空调、热水、厨房、照明、家电在内的综合能耗，与标准住宅相比较计算节能率。依据该导则利用现有的技术与设备，充分利用自然能源，可使得与标准住宅相比节能50%（见表5-4）。

表 5-4 自循环住宅与标准住宅能耗对比

标准	空调+换气	热水+厨房	照明+家电
2000年标准住宅	20GJ	29GJ	34GJ
自立循环型住宅	4GJ	14GJ	19GJ

5.3.10 日本 CASBEE S 级绿色建筑认证项目案例

大崎 Gate City 大楼位于日本东京都品川区大崎车站附近（见图 5-11），用地面积 42509m²，建筑占地面积 22038m²，建筑总面积 299725m²，地下 4 层，地上 24 层，于 1999 年 1 月竣工投入使用，主要用做事务所、餐饮、购物等。

本项目是首个采用 CASBEE-既有建筑版进行评价并获得认证的项目，于 2005 年 9 月获得 S 级绿色建筑认证（见图 5-12）。

该项目定期进行室内环境和水质监测以确保室内环境质量，室内禁止吸烟，公共用地多设计成绿地以改善周边环境（见图 5-13），采用区域供冷热系统以及高效空调系统，并使用建筑能源管理系统（Building Energy Management System，BEMS）进行日常运营管理，采用节水器具并充分利用雨水、中水等非传统水源，采用吸声隔热的可再生建材。

图 5-11 大崎 Gate City 大楼外观图

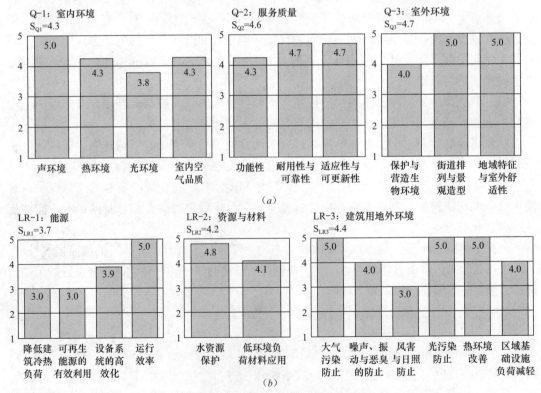

图 5-12 大崎 Gate City 大楼 CASBEE 评分情况（一）
(a) Q 指标得分情况；(b) L 指标得分情况

图 5-12 大崎 Gate City 大楼 CASBEE 评分情况（二）

(c) 得分雷达图；(d) 得分 Q-L 图

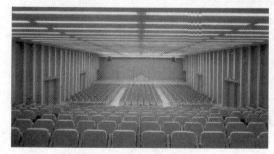

图 5-13 大崎 Gate City 大楼绿化布置、会议室、事务所内景

同时，据项目投资企业介绍，其在日本兴建的绿色建筑还有很多，一般会增加 3%～5% 的初投资，但能减少约 10%～15% 的 CO_2 排放。在日本建设绿色建筑并申请 CASBEE 等绿色认证，可以提升公司形象，并有可能得到补贴，一些大的房地产企业如能积极投入其中，则可起到良好的示范带动作用。

5.4 日本绿色建筑政策法规及评价体系的特点与启示

5.4.1 日本绿色建筑政策法规及评价体系的特点

(1) 以立法为基础引导绿色建筑发展

由于日本能源、资源十分匮乏，能源安全问题一直是政府的头等大事。特别是近年地球温暖化日益严峻、全球环境问题日益突出。因此，日本政府很早以来就一直不懈地通过法律法规、制度政策等引导全国的建筑节能工作与绿色建筑推广。日本这方面相关的法律法规、政策制度相当繁多，并且不断推陈出新，形成了较为完善的软环境。其中，既有法律的强制性规定，例如新修订的《节能法》的相关条款，又有大量经济、金融引导政策与补贴制度，无论是对建造者还是对业主都有着很大的吸引力。

(2) 评价体系多样为绿色建筑发展提供技术支撑

在绿色建筑认证方面，日本有着几种并行但又相互补充的评价体系，使得各类建筑可以针对自身特性申请不同的认证。对个人而言，可以据此获得来自政府的各类经济与金融优惠。对国家而言，则大大推动了绿色建筑的快速发展。

(3) 多管齐下合力推广绿色建筑评价体系

在绿色建筑评价体系推广方面，日本有着基础扎实、全面铺开、宽进严出的特点。在科学合理的绿色建筑评价体系基础上，通过政府、学术界、产业界等积极推动，并以2005年名古屋世博会等为契机促进地方评价工作。同时，目前已有22个省市强制推行自评上报制度，使得评价工作得以迅速铺开，并通过相关认证机构严格把关来保证被认证项目质量。

5.4.2 对我国绿色建筑发展的启示

(1) 严格的监督与质量监控。一方面，日本对住宅性能愈发严苛的标准在不断提升其住宅建筑的质量；另一方面日本的绿色建筑评审需要非常复杂和漫长的周期，一般1个项目的专项材料准备时间最短要3个月，1个项目的认证工作需要4个月的全勤工作时间，因而认证通过比率目前并不算很高。但相比美国LEED的高认证量，这些已通过认证的项目更经得起时间的检验。我国绿色建筑评价标识工作推广过程中如何兼顾质量与数量，是看重日本的认证质量，还是美国的认证数量，应该提前考虑清楚。

(2) 第三方与自我评估双轨制推进制。由于日本的质量控制严格，仅靠第三方很难保证其数量的增加，因此其采用了自我评估和第三方评估同时开展的方式，针对重点项目或自愿评优项目，采用第三方评估；其他项目必须作为"义务"开展自我评估，例如部分地方建立了绿色建筑公示制度，强制要求一定面积以上的建筑上报自评结果并公示。这种基于自我约束和社会监督的双重监管机制，对于目前我国自愿执行的绿色建筑评价标识制度和各地强制推行的绿色建筑实践具有一定参考意义。这样不仅可以有效监督开发商行为，还有利于绿色建筑的宣传推广，刺激绿色建筑需求市场的形成。

第6章　新加坡绿色建筑政策法规及评价体系

建筑业是新加坡六大支柱产业之一，总容量（合同额）大约为每年200亿～400亿新元（约160亿～330亿美元）左右，2006～2012年建筑业产值年均增长10%，对带动新加坡经济发展起到了重要作用。但新加坡自然资源十分匮乏，大量水、电、建筑原材料都依赖进口，同时建筑能耗消耗较大（见图6-1），在2005年新加坡石化燃料消耗结构中，如果把最终家庭用户都算到公共建筑能耗中，建筑能耗占到48%。因此，蓬勃发展的建筑产业在促进经济发展的同时，却给新加坡的资源环境带来了巨大挑战。

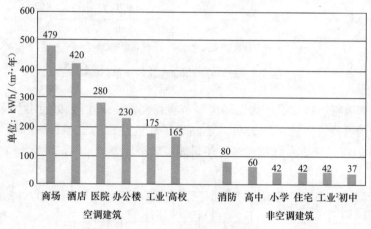

图6-1　新加坡建筑能耗中位数
注：1为使用空调的工业建筑，2为不使用空调的工业建筑。

基于上述情况，可持续发展成为了新加坡国家发展的重要议题，其非常重视能源节约、资源集约利用及能源材料的循环再利用，并将发展绿色建筑作为缓解国内资源和环境压力的主要策略。

6.1　新加坡绿色建筑发展背景与历程

在世界第二次石油危机时，对煤炭和石油依赖较强的新加坡所受影响较大，尤其在工业和公共建筑用能方面面临较大挑战，于是1980年新加坡建设局通过出台《建筑节能标准》（CP24：1999 EE Standard for Bldg Services and equipment）来推动国内的建筑节能。之后，从20世纪80年代～2005年，新加坡节能之路走了三十多年。

2004年，在新加坡国家环境署的支持下，新加坡建设局（Building and Construction Authority，BCA）开发了用于评价建筑对环境的影响和建筑性能的绿色建筑评估标准——绿色标志（Green Mark），并于2005年1月开始推行绿色标志认证计划（BCA Green Mark Scheme），以此来提高全社会对建筑环境影响的认识，并将其作为评估业主和开发商在建设过程中引入环保概念和实践的具体情况，提倡和推广绿色建筑开发、设计、建设、管理和维护的主要工具。截至 2013 年 5 月 1 日新加坡通过绿色标志认证的绿色建筑项目共 1574 个，建筑面积达 4690 万 m²，占全国总建筑面积的 20%（见图 6-2）。

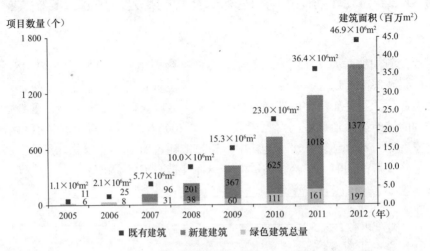

图 6-2　新加坡历年绿色建筑项目总量

同时，新加坡将绿色建筑作为推动建筑节能和改善建筑建造和使用过程对环境影响的主要手段。该国可持续发展部际委员会还制定了绿色建筑的发展目标和规划，即到 2030 年，实现 80% 的新建建筑为绿色建筑，建筑能源效率比 2005 年提高 35%（见图 6-3）。

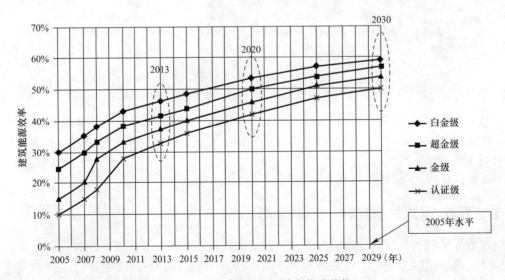

图 6-3　新加坡建筑能源效率提升趋势

新加坡主要通过出台"第一期绿色建筑总蓝图"和"第二期绿色建筑总蓝图"推动绿色建筑发展。由政府带头建设绿色建筑，对高星级绿色建筑项目给予奖励，同时注重加强绿色建筑技术培训和公共培训，实现了从"针对新建建筑推广"到"针对既有建筑推广"的过渡。并正在制定"第三期绿色建筑总蓝图"，拟将"建筑用户"作为关注对象。

6.2 新加坡绿色建筑主要法律法规及政策

新加坡在推动绿色建筑发展方面，结合建筑业规划制定和实施的"第一期绿色建筑总蓝图"和"第二期绿色建筑总蓝图"起到了决定性作用（见图6-4）。

图6-4　建筑业规划（左一）第一期绿色建筑总蓝图（左二）第二期绿色建筑总蓝图（右一）

2006年新加坡出台了"第一期绿色建筑总蓝图"（见图6-5），主要针对新建建筑推广绿色建筑认证。主要内容包括：

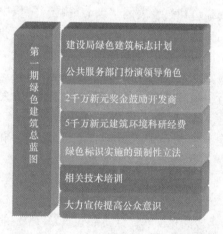

图6-5　第一期和第二期绿色建筑总蓝图内容

（1）提出由政府带头建设绿色建筑，明确自2007年4月1日起，5000m² 以上的政府投资工程与重大改建扩建工程必须获得绿色标志认证级，以此促进绿色建筑市场的形成；

（2）出台"绿色标志津贴计划"，安排2000万新元奖金用于鼓励开发商建设绿色建筑（见表6-1）；

绿色标识津贴计划　　　　　　　　　　　　　　表 6-1

绿色建筑等级	开发商/业主津贴		设计师津贴（新元/人）	
	奖励金额（新元/1000m²）	奖励上限	奖励金额（每 1000m²）	奖励上限
金级	新建建筑：3000 既有建筑：1200	300000 新元、建设或改建成本的 0.2%	500	50000
超金级	新建建筑：5000 既有建筑：2000	2500000 新元、建设或改建成本的 0.33%	800	80000
白金级	新建建筑：6000 既有建筑：2400	3000000 新元、建设或改建成本的 0.33%	1000	100000

（3）在 5 年内提供 5000 万新元的研发基金，用于推动绿色建筑技术创新，引入国内外先进绿色建筑技术，成为国内首个建筑及房地产行业的专项科研基金；

（4）积极开展各类培训活动，并对绿色建筑管理师和专业工程师资质进行认证，以提高绿色建筑从业人员的技术水平；

（5）通过展览、路演、居民宣传 CD、公交广告和媒体广告等方式，向社会大众宣传绿色建筑理念，扩大绿色建筑的社会影响力。

通过"第一期绿色建筑总蓝图"的实施，新建绿色建筑的数量迅速增加，相关技术不断进步，并培养了大批绿色建筑人才，绿色建筑理念在社会得到了广泛传播。其中，鼓励政策覆盖开发商和设计单位，开发商可获得 6 新元/m²，总计达 300 万新元奖金，设计单位可获奖金总计达 20 万新元，从 2006～2009 年，共计 102 个项目获得奖金。

在总结"第一期绿色建筑总蓝图"实施经验的基础上，新加坡政府于 2009 年出台了"第二期绿色建筑总蓝图"，提出了进一步推动绿色建筑发展的"六大策略"（见图 6-5）。

策略一：由政府公共项目带头达到高级别绿色标志。要求新建政府项目必须获得绿色标志白金级认证，比"第一个总蓝图"的"认证级"要求更进一步。同时，要求关键新区的新建项目必须获得绿色标志超金级及以上级别认证，并与市区住建局合作，将这一要求纳入土地出让条件，以此对开发商的行为进行约束。同时，考虑到既有建筑量大面广（约 2 亿 1 千万 m²），且能耗较大（占全国总耗电量的 49%），新加坡将推动既有建筑绿色改造作为"第二期总蓝图"的重点工作，要求建筑面积在 10000m² 以上且装有空调的建筑，2020 年以后都应满足绿色标志超金级的要求。

策略二：通过奖励机制，鼓励私人开发商建设更高能效、更高等级的绿色建筑。获得绿色标志超金级认证项目，可获得最高达 1%（且不超过 2500m²）的额外建筑面积奖励；获得绿色标志白金级认证的项目，可获得最高达 2%（且不超过 5000m²）的额外建筑面积奖励。并制定了总额为 1 亿新元的"既有建筑绿色标志津贴计划"（见表 6-2），

既有建筑绿色标志津贴计划　　　　　　　　　　　表 6-2

绿色标志级别	冷机系统能效系数要求（kW/RT）	奖励津贴占改造成本的比例（含设备、设计和安装）	津贴限额（新元）
金级	0.7	35%	1500000
超金级	0.65	40%	2250000
白金级	0.6	50%	3000000

奖励对既有建筑能效进行显著改善的开发商和业主。

同时，新加坡政府还联合新加坡国立大学等机构开展了"绿色改造对物业股价的影响研究"，发现绿色改造可带来2%的资产增值，以期通过客观的研究数据，激发开发商进行建筑绿色改造的积极性。

此外，新加坡还提出了税费减免和优惠贷款等奖励措施。通过"建筑能效改造融资计划"，由政府发起分担风险方案向业主提供融资（＜500万，利息＞3.5%，1.5~10年）。获批的先决条件是：要求业主与能效改造公司签订能源合同既有建筑（办公室、零售店或酒店）承诺改造后达到绿色建筑标志认证级别，提高25%能源效率并达到冷机系统能效系数0.75kW/RT，安装永久的检测计量系统。截至2013年8月，已有5个项目获批共计590万新元的融资。

策略三：促进绿色建筑标志和绿色建筑技术发展的紧密结合。在发展绿色建筑技术的同时，不断完善绿色建筑标志系统，分别针对新建建筑、既有建筑和绿色建筑外延建立相应评价标准，以引导绿色建筑的设计、建造。

策略四：通过培训扩大认知，提高建筑业整体水平。新加坡经过多年实践逐渐认识到专业人才对绿色建筑发展的重要性，建立了完善的职业培训和认证机制，包括绿色标志专业设计师、绿色标志项目管理师、绿色标志设备管理师等，并将绿色建筑纳入相关专业的本科和研究生课程，以此提高绿色建筑从业人员的技术水平。同时还设立了"绿色建筑个人奖"，激发个人的创新能力，推动绿色建筑技术进步。

策略五：提高国内外知名度，维持市场需求。新加坡在国内积极推广绿色标志认证的同时，也十分注重国际市场的开发，扩大其影响力，已逐步扩展到整个东盟地区、中东和非洲地区。截至2013年8月12个国家的180多个项目通过了新加坡绿色标志认证。

策略六：探索建立建筑性能的最低标准，为立法管制和大范围推广提供依据。如：新加坡在《建筑管制条例》中明确要求所有建筑面积超过2000m²的新建和重大改建扩建项目，自2008年4月起至少要达到绿色标志认证级别，对高级别绿色标志依然采取自愿评估方式。

除制定第一期和第二期"绿色建筑总蓝图"推动绿色建筑发展外，新加坡也开展了与绿色建筑相关的立法工作。首先，分四个阶段开展了对新建建筑和既有建筑改造的立法工作，提出了对建筑节能和绿色建筑的强制要求（见表6-3）。此外，国会通过了《建筑管制法》

新加坡绿色建筑立法的四个阶段 表6-3

立法阶段		具体措施
第一阶段	新建建筑立法准备 （2006年12月）	出台"绿色建筑奖励计划"，对既有建筑节能改造提供奖励，获奖建筑业主需提供相关能源数据； 开展绿色建筑专业工程师等的培训工作，为绿色建筑的推广培养技术人才
第二阶段	新建筑立法 （2008年4月）	针对新建筑（楼面面积大于＞2000m²）制定了最低能源效率值，并强制执行
第三阶段	既有建筑立法准备 （2009年4月）	开展能源审查师的培训工作
第四阶段	既有建筑立法 （2012年12月）	建筑物业主每年须将能量消耗数据和相关的建筑信息报送至新加坡建设局； 改造后的既有建筑项目必须满足"绿色标志"认证级别要求； 中央空调系统必须开展每三年一次的能耗审计

(Building Control Act)，该法提出"建筑设计与建造需采取维持环境可持续性的措施，即能够提高整体生活质量，降低对环境的负面影响，并且能对当前和将来发生效用"，这使得绿色建筑的"认证级"（最低标准）成为强制要求。《建筑环境可持续性规范》也对绿色建筑的设计和建设提出了相关技术要求和指导办法。《建筑管制条例》提出"合格专业人员及其他合适人员须保证其设计符合环境可持续性最低标准，即按照《建筑环境可持续规范》规定的方法达到绿色标志分数50分"，主要适用于建筑面积超过2000m^2的新建和重大改扩建的既有建筑。

6.3 新加坡绿色建筑评价体系

6.3.1 绿色标志

20世纪90年代以来，世界各国都制定了各种不同类型的绿色建筑评估系统，新加坡建设局于2004年开发了用于评价建筑对环境的影响和建筑性能的绿色建筑评估标准——绿色标志（Green Mark，见图6-6），并于2005年1月起开始推行绿色标志认证计划。绿色标志评估系统主要从节能（Energy Efficiency）、节水（Water Efficiency）、环境保护（Environmental Protection）、室内环境质量（Indoor Environmental Quality）、其他绿色创新（Other Green Features and Innovation）五个方面对建筑性能进行综合评价。申报项目获得的总分数可反映出建筑对环境的友好程度，并按得分的高低分为认证级、金级、超金级和白金级四个等级（见表6-4）。

图6-6 绿色标志

绿色标志等级分类　　　　表6-4

"绿色标志"等级	得分情况	节能率
认证级	50～75	10%～15%
金级	75～85	16%～25%
超金级	85～90	26%～30%
白金级	90以上	30%以上

绿色标志评价体系对不同类别的建筑采取了分类评价的方法，在2005年绿色标志推广之初，仅针对新建建筑和既有建筑进行评价，随着实践经验的积累评价体系也在不断细化和完善，2008年绿色标志评价体系又将新建建筑细分为居住类新建建筑和非居住类新建建筑。最新的第4版绿色标志评价系统从2010底开始施行，增加了对特殊建筑的评价标准，如：园林、办公室室内环境、基础设施和园区等（见表6-5）。

绿色标志评价体系 表6-5

绿色标志分类	适用范围	施行日期
非居住类新建建筑（第4版）	新建办公、商业、工业和公共建筑	2010年12月1日
居住类新建建筑（第4版）	新建私人或者公共住房项目	2010年12月1日
既有建筑（第2.1版）	既有商业、工业和公共建筑	2009年12月1日
办公室室内环境（第1版）	租户维护和整修	2009年5月27日
独立住宅（第1版）	独立住宅项目	2009年5月27日
基础设施（第1版）	基础设施项目，如水坝、道路、桥梁等	2009年5月27日
区域（第1版）	区域项目	2009年10月29日

绿色标志评估体系各项指标对应的分值大小还会根据技术进步等实际情况进行更新（2010年指标分值分配见表6-6），因此一栋2008年获得"绿色标志"金级认证的建筑，在2011年或许只能达到认证级，而且一次认证的有效期只有三年，到期后建筑业主基于自愿原则可以重新申请评估认证。新建筑后来的评估会依据既有建筑标准进行。

绿色标志认证得分分配示例表 表6-6

评估指标		分项得分	各大类指标最高得分	各大类指标最低得分	绿色标志最高得分
能源相关要求	能源效率	建筑热环境	15	87	30	155
		自然通风设计和空调系统	22			
		自然采光	6			
		人工采光	10			
		停车场通风	6			
		电梯	1			
		能源效率特征	7			
		可再生能源	20			
其他绿色建筑要求	水资源效率	合适的水资源利用效率	10	14	20	
		水资源利用监测	1			
		灌溉系统和景观	3			
	环境保护	可持续建设	10	41		
		可持续产品	8			
		绿色食品	8			
		环境管理业务	8			
		绿色运输	4			
		雨水管理	3			
	室内环境质量	噪声等级	1	6		
		室内空气污染	2			
		垃圾处理	1			
		潮湿区域的室内空气质量	2			
	绿色特征和创新	绿色特征和创新	7	7		

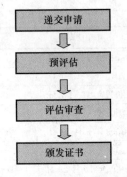

图 6-7　绿色标志评估流程

绿色标志的申报流程分为：递交申请、预评估、评估审查和颁发证书四个环节（见图 6-7）。如果开发商、业主和政府代理机构有兴趣申报绿色标志认证，首先应向新加坡建设局提交申请表，申请表分为新建筑、既有建筑、室内办公环境等类型。在收到申请后新加坡建设局评估小组和项目方、建筑管理方会举行预评估会议，明确为达到绿色标志相应等级需提供的文件和相关要求。预评估一般在建筑的设计阶段进行，这不仅有助于从设计方案阶段就贯彻绿色建筑思想，还将有利于最大限度降低由此带来的成本增量，同时也有利于督促参评项目更全面地反映评价标准的要求。正式评估审查会在项目申报团队准备好相关评估资料后进行，所需评估资料一般包括设计文件和实地证明材料，在评估完成后项目申报方会收到项目评估结果和等级证书。

6.3.2　生态办公标签

生态办公标签（Eco-Office Label）是由新加坡环境委员会（Singapore Environment Council，SEC）基于"生态办公评估体系"推动的一项认证计划，申报单位在网上进行自评，之后再决定是否申请认证。申报单位需对以下指标进行评估：环保政策和承诺、采购情况、纸张及打印机和复印机的使用情况、减少废物的措施、办公室家具、办公室厨房、节能、室内空气质量等。

6.3.3　生态美食广场认证

由新加坡环境委员会（SEC）提出的生态美食广场认证（Eco-Foodcourt Certification），主要对采用环保和可持续措施设计建造的食品中心进行评估，关键评估内容包括：环境管理体系、能源和水资源利用、废物管理和回收、通信和教育、供应商审查等。

6.3.4　生态酒店认证

生态酒店认证（Eco-Hotel Certification）也由新加坡环境委员会（SEC）制定和出台。此项认证主要评估酒店的环保性能，并对酒店行业发展提供指引。认证评估内容主要包括：能源、水、废物管理，以及对顾客和社区的环保宣传。申报酒店可获得白金、金、银、铜等不同级别的认证。

6.3.5　能源标签

新加坡能源标签（Energy Label，见图 6-8）属于强制比较标识。2002 年 4 月，新加坡国家环境局（National Environment Agency，NEA）与新加坡环境委员会（SEC）对家用电器引入了自愿性的能源标签制度（Energy Labelling Scheme，ELS），帮助家庭选择高能效产品。同时，含有能效信息的标签会被加贴在空调和电冰箱产品上，通过选择高能效产品，家庭可以节约用电，而且零售商只能展示贴有能源标签的产品型号。新加坡能源标签内容见表 6-7。此外，新加坡从 2011 年 9 月开始针对空调和冰箱等主要家电实施最低能源性能标准（MEPS），所有 0 等级的家电和一些 1 级 2 级家电将不能继续使用。

图 6-8　新加坡能源标签

新加坡能源标签内容　　　　　　　　　　　　　　　表 6-7

特性	空调	电冰箱
能效标签等级	0 低（Low），1 一般（Fair），2 好（Good），3 非常好（Very Good），4 卓越（Excellent）	
能耗	有效功率输出（单位为 kWh/h），对于变频式空调，部分负载制冷量的能耗也应显示在标签上	超过 24 小时的能耗×365 天，单位为 kWh
容量	全负载制冷量（单位为 kW，取两位小数）	测量的总有效容积（单位为 L，取整数）
类型	窗式（Casement）； 窗式（Window）； 单一分体式； 非变频/变频式； 多单元分体式（非变频/变频式）	冷藏箱； 冷藏冷冻箱
商标	空调商标	冰箱商标
型号代码	型号代码可在空调的标牌上标注，对于多单元分体式空调，只需显示室外单元的型号代码	型号代码可在冰箱的标牌上标注

6.3.6　绿色标签

新加坡绿色标签（Green Label）计划由新加坡环境委员会（SEC）管理，对消费产品和服务的环境友好度进行认证，产品类别包括：电池、建筑材料、清洁剂和洗涤剂、电子产品、家电、照明器具、办公设备、办公用品、有机物、包装、油漆和表面涂层、纸制品、个人电子产品及个人卫生用品等。产品在获得绿色标签认证之前，必须接受一个独立的第三方机构运用全寿命周期法对产品的环境属性进行评估，并满足相应要求。

6.3.7 新加坡绿色建筑产品认证

新加坡绿色建筑产品认证（Singapore Green Building Product Certification）计划（见图 6-9）由新加坡绿色建筑协会（Singapore Green Building Council，SGBC）于 2010 年 9 月发起，旨在支持新加坡建设局的"绿色标志"计划，并帮助建筑行业的整个生产链实现可持续发展。该认证可以为消费者提供一个更加准确和权威的产品评估，评估主要从节能、节水、节材、防止污染、减碳等方面进行，并建立了绿色建筑产品的系统类别，分为机械、电器、外墙与围护结构、混凝土与结构、室内系统、装修工艺、可再生资源、可回收材料以及文本等内容。评价等级分为认证级、良好、优秀、卓越。

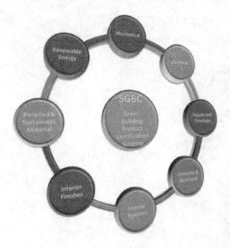

图 6-9 新加坡绿色建筑产品认证

6.3.8 可持续生产标签

可持续生产标签（Sustainable Manufacturing Label）计划（见图 6-10）由新加坡制造商联合会（Singapore Manufacturers' Federation，SMa）和新加坡和新加坡环境委员会（SEC）联合制定，引导制造商按照可持续方式进行生产。可持续制造标签的评价内容包括：绿色企业政策、产品生命周期开发、制造工艺、操作和设施、电力及公用事业。如果制造商生产能力达到最低标准，SMa 和 SEC 将授予制造商可持续的生产制造能力证书，并给予持有人相应的权利。可持续生产标志从审核日期开始两年内有效。

图 6-10 新加坡可持续生产标签

6.3.9 用水效益标签

新加坡公共事业局于 2006 年 10 月 31 日推出用了水效益标签（Water Efficiency Label，见图 6-11），鼓励人们选购有节水功能的产品，如洗衣机、花洒、抽水马桶、水龙头或小便池等。2008 年新加坡发布《公用事业法 2008（供水）（修订）草案》（以下简称"草案"），规定水龙头、冲厕水箱和小便池等产品进入新加坡市场前，必须进行注册并加贴用水效率等级信息标签。为了通过注册，产品须按《草案》附录中的新加坡检测标准和要求进行检测，以确定用水效率。该《草案》于 2009 年 7 月 1 日生效，2011 年 10 月 1 日，新加坡又正式实施家用洗衣机"强制省水标签计划"，

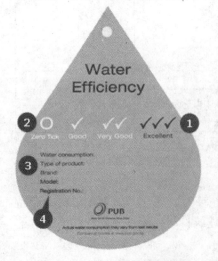

图 6-11 新加坡用水效益标签

将洗衣机也纳入了节水管理的范畴。

6.3.10 新加坡绿色标志认证项目案例

新加坡国家图书馆（图 6-12）是一座高 16 层，总面积 0.54 万 m^2（约 5.8 万多平方英尺），耗资数亿新元的大型公共建筑，2005 年 7 月 22 日对外开放[43]。国家图书馆落成后，与同等规模未进行节能设计的建筑相比，每月建筑能耗开支可减少 33%，能效提高了 22%。因此，国家图书馆被誉为"超级节能楼"，并获得了新加坡绿色标志认证最高奖——白金奖，也是政府公共项目带头实施绿色建筑的代表。

图 6-12　新加坡国家图书馆

建筑充分利用自然条件选择了最佳的建筑朝向和位置，并利用围护结构的隔热性能，防止热的传递，尽量减少热负荷。其次，建筑在空间上分为两个体块，其中一个体块悬于地面之上，使风可以自然流通，从而起到降温作用。另外，再配合装有百叶的中庭（图 6-13），依靠浮力通风排出热气的效应，提高了建筑物公共空间的舒适度。大楼在热辐射较强的西侧布置的是楼梯电梯、卫生间以及设备用房，以减少开窗。同时，窗和遮阳板均采用了 LOW-E 玻璃，使得大量热辐射被反射，减缓了建筑升温。其余各面尤其是东南面，为获得良好的室内自然采光，建筑立面上大量运用了透明的玻璃幕墙。为避免阳光对玻璃幕墙的直射，设计采用了各种各样的金属遮阳（图 6-14），设置了自由组合在一起，长短、间距、悬挑深度各不相同的遮阳构件，其中一部分遮阳设施甚至达 9m 之深，有效的遮阳设计在起到阻挡阳光和防眩作用的同时，也强化了建筑适应热带气候的美学特征。建筑还设置了悬浮的屋顶，既可以起到节能作用，也形成了建筑独特的轮廓。在一个巨大的透空的金属构架下，屋面种植了大量植物，它们和建筑立面上的垂直绿化一起赋予建筑更多的生

图 6-13　中庭设计

图 6-14　金属遮阳

态含义，可以美化景观和调节环境。此外，建筑各种卫生洁具也都采用了节能型产品。

除此以外，整栋建筑采用了智能管理系统（Building Management System，BMS），所有操作均由电脑控制。系统按设计人员提供的温控方案和分区，根据室内环境的光线和温度变化做出相应调整。日光监视器（Daylight Sensor）会自动调节遮阳板，使其达到个性化要求和宜人的程度。这样大部分空间不需要过度依赖人工照明，以充分利用自然光；卫生间装有运动传感器（Motion Sensor）和节能灯，仅在有人使用时才会打开。大楼屋顶设有雨水收集系统，收集来的雨水可供建筑内绿化的灌溉。图书馆大部分空间都利用自然通风或机械（如风扇）降温，只有少部分区域采用夜间冷却空调系统（Night Setback for Air-conditioning System）供冷。最后，在能源方面，图书馆大楼设置了太阳能发电系统，并与国家电力网相连通，可解决建筑80%的电能需求[43]。

新加坡国家图书馆作为一个具有创新设计的热带现代建筑，理性地处理了建筑与城市的关系，引入人文要素，将热带生态属性和人文属性完美地结合起来，使其既是一个文化设施，又是独特的、深受市民喜爱的城市公共空间。

6.4 新加坡绿色建筑政策法规及评价体系的特点与启示

6.4.1 新加坡绿色建筑政策法规及评价体系的特点

（1）政府带头，双轨制的强制政策机制

通过第一期和第二期"绿色建筑总蓝图"及一系列相关政策法规，一方面，新加坡政府先拿自己开刀，强制要求政府投资的公共建筑首先通过绿色标志认证；另一方面，新加坡政府还制定了建筑最低性能标准，以满足其他类型建筑的大范围推广和强制的需要。针对不同对象采用不同强制措施，这种科学的分类推进机制有助于绿色建筑发展的顺利实施。

（2）重视理念灌输，促进市场需求

新加坡非常注重让绿色建筑理念深入人心。在绿色建筑发展过程中，一直都强调向社会大众推广绿色建筑，同时，积极研究明确绿色建筑在投资收益方面的优势。通过各种方式激发开发商建设绿色建筑和社会大众购买绿色建筑的积极性，促进了绿色建筑需求市场的形成。

（3）注重专业认证和培训，规范市场准入机制

新加坡十分重视绿色建筑人才培养，建立了完善的社会和高校培训机制，并制定了相关职业认证机制（如：绿色标志专业设计师、绿色标志项目管理师、绿色标志设备管理师等），对提高相关从业人员技术水平，规范绿色建筑咨询服务市场起到了重要作用。同时，还通过设立"绿色建筑个人奖"等奖项，激发相关技术人员进行绿色建筑技术创新的积极性。这些准入机制及其配套措施，很好地规范和提升了绿色建筑的技术服务市场。

（4）完善配套认证机制，促进绿色产业升级

新加坡在完善绿色标志评价系统的同时，建立了相关配套评价系统，为开发商和业主在建设和改造工程项目时选用绿色建材、家电等相关产品提供了依据，这样可以在发展绿色建筑的同时，带动上下游产业链的发展和"绿色"升级，改善环境，缓解资源、能源压力。

6.4.2 对我国绿色建筑发展的启示

（1）先拿政府开刀的做法，具有很强的示范带头作用，同时具有较强的可控性。同样，我国政府带好头，也会起到保质保量的引领作用。

（2）新加坡围绕绿色标志认证制度建立了完善的配套认证制度。我国也应通过全方位地引导和规范绿色建筑相关技术和产品这条路，最终实现绿色建筑对绿色产业转型的促进作用。

（3）新加坡的双轨制强制机制，科学引领了不同水平下绿色建筑的发展。这刚好适合于根据我国不同地区、不同类型绿色建筑的发展特点，针对不同水平，因地制宜地制定绿色建筑推动政策：绿色建筑评价标识制度应用于起引领作用的建筑项目评价，绿色建筑强制实施机制应用于普遍建筑的整体建设水平提升。

（4）新加坡一方面大力宣传绿色建筑理念，同时开展市场研究引导绿色建筑市场需求，形成了很好的绿色建筑市场氛围。对于我国社会上大部分民众对绿色建筑的认识还差强人意，我们同样也应该采取类似的措施从根本上对市场需求加以培养。

第7章 中国台湾地区绿色建筑政策法规及评价体系

中国台湾地处亚热带气候区，四面环海，气候特别炎热、潮湿，且夏季绵延接近半年之长。因此，建筑普遍使用空调调节室内温湿度，同时，随着都市化进程的加快，办公大楼、医院、饭店、百货公司等数量不断增加，而且大街小巷卖生鲜食品以及冷饮的便利店，都有冷冻库等设备，建筑用能量剧增。据统计，中国台湾建筑业所排放的二氧化碳，约占其总排放量的28.8%（其中建材生产9.31%，营建运输1.49%，住宅使用11.88%，商业使用5.94%）。而近年来，由于自然资源短缺，中国台湾到2001年能源对外依存度已达98%以上，急需降低对外能源依存度并积极开发新能源。与此同时，随着经济的发展，人们对环境舒适度的要求越来越高；另一方面，随着都市化发展，建筑物朝着高层、密集的方向发展，建筑环境日趋恶化。中国台湾绿色建筑正是在这样的情况下发展起来的。

7.1 中国台湾绿色建筑发展背景与历程

1979年第二次能源危机来临时，中国台湾开始重视建筑节能政策，于1983年制定了《建筑技术规则建筑节约能源规范草案》，使其建筑节能研究跨出了一大步。1990年起，为了向社会推广建筑节能技术和理念，中国台湾建筑研究所（以下简称"建研所"）每年都举办"建筑节约能源优良作品的评选及奖励活动"。与此同时，建研所制定了建筑节能评估指标与基准，确立了科学定量化的"建筑外壳"（以下称为"建筑外围护结构"）及"建筑空调系统效率"节能设计指标。该时期称为中国台湾建筑节能的成熟期。

随着建筑节能的工作由成熟期迈入推广期，中国台湾开始实施建筑节能的法制化工作，1995年"建筑节约能源设计"首次被纳入《建筑技术规则》。同时，为改善居住环境并节约能源，中国台湾认识到要顺应可持续发展的潮流，开始积极推动绿色建筑，并于1996年在"营建白皮书"中宣布全面推动绿色建筑。由此，绿色建筑在中国台湾得到推广与发展。

为了推动绿色建筑发展，建研所于1997年制定实施了《绿建筑及居住环境科技计划第一阶段（1998～2001）》，于1998年制定了涵盖生态、节能、减废、健康、节能环保及生态永续等方面内容的绿色建筑评估系统——EEWH（Ecology, Energy saving, Waste reduction, Healthy），并于1999年建立和推行了绿建筑标章制度。中国台湾的绿色建筑认证设有"候选绿建筑证书"与"绿建筑标章"两类，前者适用于竣工验收前的绿色检验，后者是在工程项目完工后经现场检查合格后的认证，均设有合格级、铜级、银级、黄金级、钻石级五个等级。中国台湾的绿色建筑评估系统的评估标准相对宽松，因此取得合格认证并非太难。自1999年实施绿建筑标章认证以来，中国台湾绿色建筑项目数量增长迅速（见图7-1）。

在上述基础上，中国台湾通过出台《第一期"绿建筑推动方案"（2003～2007）》和

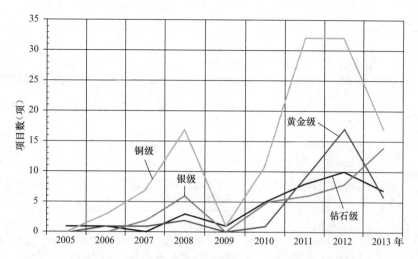

图 7-1 中国台湾 2005～2013 年不同等级绿色建筑项目数量增长情况

《绿建筑及居住环境科技计划"第二阶段（2002～2006）》，进一步推动了绿色建筑发展，建立了良好的绿色建筑政策基础。之后中国台湾从 2008 年开始推行《生态都市绿建筑推动方案（2008～2011）》，将绿色建筑扩大到生态都市的范畴。尤其，为了吸引城市移民进驻农村、鼓励整体开发高质量的农村小区、激活农村地区的产业经济，在提出田园小区开发方案之际，中国台湾也引进了绿色建筑评估体系的成功经验，建立了"生态小区评估系统"，进一步保障了乡村小区的质量水平。

另外，中国台湾于 2010 年建立了"低碳小区评估体系"，在两年内完成了 48 个低碳小区规划，并着手开展了 4 个低碳示范小区的建设。同时，为加快推动生态城市建设进程，中国台湾在 2011 年制定实施了《低碳城市推动方案》，实现了从单体"绿色建筑"建设到"生态城市"建设的转变。但是鉴于目前城市建设环境破坏情况难以消除，旧城市生态小区改造经费惊人，想要建立理想的"生态小区"与"低碳小区"也有很多障碍。同时，为了充分发挥其在信息技术产业（Information Communication Technology ICT）方面的优势，中国台湾于 2010 年制定《智慧绿建筑推动方案》，正式将绿色建筑与 ICT 产业整合，拟在绿色建筑的基础上推动智慧绿色产业的发展。

综上所述，中国台湾绿色建筑的发展经历了从"单体推广"到"生态城市"再到"智慧绿色建筑"三个发展阶段（见表 7-1、图 7-2）。

中国台湾绿色建筑发展历程 表 7-1

执行时间	重要措施名称与发展内容概述
1995 年	在"建筑技术规则"中增订"节约能源"条款，首次强制规定了外围护结构节能指标与基准要求。强制对象为建筑面积超过 4000m² 的办公大楼
1996 年	1. 成立"可持续发展委员会"； 2. 将绿色建筑纳入"城乡可持续发展政策"； 3. 在《营建白皮书》中宣布全面推动绿色建筑
1997 年	实施《绿建筑及居住环境科技计划第一阶段（1998～2001）》
1998 年	1. 制定"绿建筑评估系统"和"绿建筑标章制度"； 2. 将旅馆、百货商场、医院以及住宅列为节能强制对象； 3. 扩大强制范围：大型空调建筑强制建筑面积由 4000m² 降为 2000m²；住宅强制面积定为 1000m²

续表

执行时间	重要措施名称与发展内容概述
1999年	1. 建研所出台《绿建筑标章推动使用作业要点》，作为绿色建筑设计依据；制订《绿建筑解说与评估手册》，作为绿色建筑设计的评估工具，并将获得绿建筑标章作为绿色建筑设计奖励依据； 2. 建研所委托财团法人"中华建筑中心"成立"绿色建筑委员会"，开始接受绿色建筑评选认证工作
2000年	建研所发布《绿建筑解说与评估手册》、《绿建筑宣传手册》与《绿建筑标章申请作业手册》，作为各级行政机构绿色建筑设计的参考
2001年	核定《绿建筑推动方案》，由行政部门率先实施，并要求若干部分的行政机构建筑试行绿色建筑审查作业，建立了行政机构建筑的绿色建筑审查机制
2002年	1. 自2001年1月1日起，凡受行政机构补助达1/2以上，且工程造价5000万元（台币）以上的行政机构新建建筑，及"921地震"灾区的新建筑，须取得绿建筑候选证书，才能申请建设执照，且至少满足4项指标要求（日常节能与水资源为必选指标）； 2. 建研所推出"绿色厅舍暨学校改善计划"（持续至今），进一步将绿色建筑强制范围推广至行政部门及公立大专院校的既有建筑改造领域； 3.《绿建筑及居住环境科技计划第二阶段（2002～2006）》实施
2003年	1. 2003年5月7日，对《绿建筑推动方案》进行第一次修正，将绿色建筑政策纳入《挑战2008年重点发展计划》； 2. 发布更新版的《绿建筑解说与评估手册》增加生物多样性与室内环境指标，由原有7大指标扩展为9大指标； 3. 增列学校和2000m²以上的建筑物为强制对象，百货商场类强制范围扩大到量贩店与购物中心； 4. 将住宅外围护结构节能设计指标由过去单一的气候区强制分为北中南三区强制
2004年	1. 2004年7月29日对《绿建筑推动方案》进行第二次修正，推动绿色建筑走向"法制化"，并对按绿色建筑标准设计建造的民用建筑进行奖励； 2. 建研所举办"第一届优良绿建筑设计作品评选活动"； 3. 在《建筑技术规则》中增订"绿建筑专章"，强制绿色建筑政策走向法治化，且逐年要求所有新建（行政机构及民间）建筑落实绿色建筑相关要求； 4. "绿建材标识制度"正式建立，以响应"绿建筑评估系统"中采用绿色建材的规定
2005年	1. 2005年1月1日正式发布实施增加"绿建筑专章"的《建筑技术规则》，完成了绿色建筑的法制化，强制规定社会投资新建建筑至少需符合基地绿化、保水及日常节能等指标； 2. 建研所成立中国台湾绿建筑发展协会（Taiwan Green Building Council，TGBC）； 3. 强化节能管制规模，住宅、学校、大型公共建筑类等建筑类型为500m²，其他建筑类型为1000m²； 4. 制定新设大型公共建筑窗面平均日射取得率及屋顶平均传热系数基准
2006年	1. 正式实施"绿建筑分级评估制度"，含合格级、铜级、银级、黄金级、钻石级五等分级，以此明确区分绿色建筑性能，并为绿色建筑奖励认定提供了依据； 2.《建筑技术规则》增设公共建筑至少使用5%绿建材的要求
2007年	《绿建筑与永续环境科技计划（2007～2010）》实施，以推动绿色建筑分级评估制度
2008年	《生态城市绿建筑推动方案（2008～2011）》核定实施
2009年	1. 提升绿色建筑节能、健康、节水、绿色建材使用率等要求； 2. 研究制定《低碳城市推动方案》，与地方行政机构合作推动低碳城镇
2010年	1. 2010年3月制定《节能减碳总计划》，并将2010年定为"节能减碳年"； 2. 启动《智慧绿建筑推动方案》，正式将绿色建筑与ICT整合
2012年	颁布修订后的"绿建筑基准专章"，同时按照五大建筑类型扩增强制性指标

第7章 中国台湾地区绿色建筑政策法规及评价体系

图 7-2 中国台湾绿色建筑发展历程

7.2 中国台湾绿色建筑主要法律法规及政策

中国台湾绿色建筑是在建筑节能工作的基础之上发展起来的，当地的建筑节能法规结合了亚热带气候特色，从1995~2009年先后经过六次对建筑节能规范基准与适用范围进行强化，制定了针对办公建筑、百货商场、旅馆餐饮、医院、住宿、学校、大型建筑和其他类等七种建筑物的节能标准，以及针对相关设备的节能标准（见表7-2）。

中国台湾主要绿色建筑及建筑节能制度　　　　表7-2

节能法规或措施	实施对象	实施日期
能源管理法	能源供应企业、能源用户	1980年
能源审计制度	用煤年平均6000公吨以上，或使用绍料油年平均6000公秉以上，或天然气年平均用量1000万立方公尺，或用电契约容量1000kW以上的能源用户	1981年
《促进产业升级条例》关于"节约能源的机器设备"的要求	公司购置专供研究与发展、实验或质量检验用的仪器设备，及节约能源或利用新能源和洁净的机器设备	1990年
环保标识与能源之星	计算机主机、监控器、打印机、节能荧光灯（CFL）、荧光灯管、笔记本电脑、台式计算机等	环保标识：1993年 能源之星：2000年
建筑外围护结构节约能源设计标准（ENVLOAD）	办公建筑、百货商场、旅馆、医院、住宅和其他地面以上楼层总建筑面积超过2000m^{2}的建筑	1995年
公司购置节约能源或利用新及洁净能源设备或技术适用投资抵减办法	公司购置自行使用的节约能源或利用新能源及洁净能源的设备或技术	1997年
机关优先采购环境保护产品办法	行政机构采购产品	1999年
绿建筑标章推动使用作业要点	(1) 绿建筑标章：取得使用执照或既有合法建筑物； (2) 候选绿建筑证书：取得建造执照但尚未完工领取使用执照的新建建筑物	1999年
荧光灯管能源效率标准	荧光灯管	2001年1月1日

续表

节能法规或措施	实施对象	实施日期
节能标识	冷气机、洗衣机、电冰箱、除湿机	2001年
绿建筑推动方案一：绿建筑证书	机关或受行政机构补助达二分之一以上的，且工程总造价5000万新台币以上的公共新建建筑物	2002年1月1日
绿建筑推动方案二：建筑外围护结构节约能源设计列为建造执照必须抽查项目	办公类、百货商场、旅馆、医院、住宅和其他地面以上楼层总建筑面积合计超过2000m^{2}的建筑	2002年1月1日
窗型冷气机能源效率比值标准	窗型冷气机	2002年1月1日修正实施
箱型冷气机能源效率比值标准	箱型冷气机	2002年1月1日修正实施
低压三相鼠笼型感应电动机能源效率标准	低压三相鼠笼型感应电动机	2002年7月1日修正实施
空调系统冰水主机能源效率标准	空调系统冰水主机	2003年1月1日第一阶段实施 2002年7月第二阶段实施 2005年1月1日修正实施
锅炉能源效率标准	适用于以燃油或燃气为燃料的蒸汽锅炉，不适用贯流式锅炉	2003年7月1日修正实施

注：1公秉=1000L，1公吨=1000kg，1公尺=1m。

1997年，《绿建筑及居住环境科技计划第一阶段（1998~2001）》核定实施。1998年，以亚热带气候为基础，在充分掌握了岛内建筑物能耗、水耗、排废、环保需求后，中国台湾制定了绿建筑评估系统（EEWH），并于1999年建立了绿建筑标章制度。绿建筑标章制度实施初期主要以自愿申报为主，申请项目相当有限。

为加快推动绿色建筑发展，中国台湾于2001年3月8日核定实施了《绿建筑推动方案》，强制要求行政机构新建建筑按照绿色建筑标准进行设计，明确行政机构补助二分之一以上经费，且工程造价在新台币5000万元以上的新建建筑，必须进行绿建筑标章认证审查。通过行政机构带头促进了绿色建筑产业市场的形成。同时，行政机构每年拿出2亿~3亿元新台币的预算用于《绿厅舍改善计划》和《绿空调改善计划》的实施。其中，《绿厅舍改善计划》主要适用于行政机构与大专院校的既有建筑物绿色化改造，《绿空调改善计划》主要适用于空调主机、冷水泵及空气侧设备三大部分的节能改造。

为进一步推动绿色建筑发展，《绿建筑及居住环境科技计划第二阶段（2002~2006）》于2002年实施。2003年，中国台湾将《绿建筑推动方案》纳入《挑战2008发展重点计划》要求地方各级行政机构贯彻实施，并于2004年对《绿建筑推动方案》再次进行了修订，将绿色建筑法制化，奖励社会投资建设绿色建筑等作为主要推动措施。

2004年，中国台湾建立了"绿建材标章制度"，开始受理"生态绿建材"、"健康绿建材"、"高性能绿建材"、"再生绿建材"等四种绿色建材的认证，并在《建筑技术规则》中强制规定最低绿建材使用比例。此外，《绿建筑推动方案》还提出将建筑围护结构节能设计列为颁发建设执照必须抽查的内容，并制定了建筑废弃物回收以及再生利用技术的规范与法规制度。与此同时，建研所通过举办"优良绿建筑作品甄选活动"鼓励绿色建筑设计，举办绿色建筑设计培训、绿色建筑作品参观等活动加强绿色建筑教育，并建立了专门的实验室检测绿色建筑相关性能。

通过上述一系列措施，在短短数年内，绿色建筑引起了行政机构、学者和媒体的广泛关注，推动成效明显。为扩大强制范围，并在民用建筑领域推广绿色建筑，中国台湾自2005年1月起通过法制化方式，在《建筑技术规则》中增设了"绿建筑基准专章"，全面推行基地绿化、基地保水、节约能源、雨水或生活杂排水再利用及绿色建材等绿色建筑相关内容。图7-3为1995～2006年新建建筑节能与绿色建筑设计强制面积与年度强制比例。至2006年累计，强制执行"绿建筑基准专章"的建筑面积达到1.1亿m^2，且每年新建建筑中强制执行"绿建筑基准专章"的建筑面积约占总建筑面积的77.91%。按照建筑类型区分，近十年来强制执行"绿建筑基准专章"的建筑中以住宅和商住两用型建筑最多，分别占36%和19%（图7-4）。同时在2009年以后，行政机构又进一步提高了住宅与商业建筑的节能设计标准。

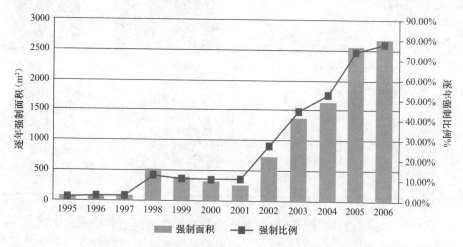

图7-3 中国台湾建筑节能与绿色建筑法规强制概况

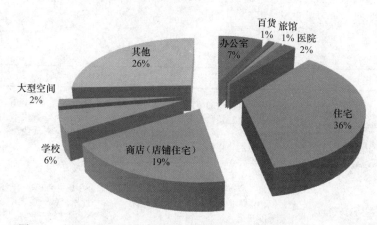

图7-4 中国台湾执行建筑节能与绿色建筑法规的强制建筑面积比例

为延续第一阶段《绿建筑推动方案（2001～2007）》成果，并应对日益加剧的全球变暖及都市热岛效应影响，中国台湾于2008年1月11日核定了《生态城市绿建筑推动方案（2008～2011）》，并于2010年1月5日实施，第一次将绿色建筑节能环保的概念纳入城市规划层面。通过统筹考虑、城市规划设计审查和试点示范，推广建设生态小区及可持续城市。

在推动绿色建筑和生态城市发展的基础上，中国台湾于2010年核定《智慧绿建筑推动方案》，正式将绿色建筑与ICT产业相结合，充分利用其在ICT产业方面优势，以建筑物为载体，导入智能型高科技技术、材料、产品与服务，使建筑物更安全健康、便利、舒适、节能减碳且环保。并确立了"智慧住家→智慧建筑→智慧小区→智慧都市→智慧台湾"的发展模式（见表7-3），在改善建筑使用性能的同时，带动了关联产业发展，包括创新规划设计、施工建造、绿色建材、相关智能化产品与服务，以达到绿色建筑效能升级的目的。

中国台湾智慧绿建筑内容　　　　　　　　　　　　　　　表7-3

智慧住家	智慧建筑	智慧小区	智慧都市、智慧台湾

1. 未来生活环境情境模拟 2. 室内舒适环境控制 3. 安全环境营造 4. 信息获取与传递 5. 家务代劳功能 6. 住户智慧控制平台 7. 信息家电发展	1. 信息通信系统 2. 安全防灾系统 3. 健康舒适系统 4. 设备节能系统 5. 综合布线系统 6. 系统整合 7. 设施管理	1. 安全门禁系统 2. 住户及访客辨识系统 3. 挂号信函收取系统 4. 垃圾自动分类收集系统 5. 小区公共区域监视系统	1. 都市信息网路建设 2. 都市机能管理中心建设 3. 智能型交通系统应用 4. 智能型防犯罪系统应用 5. 行政电子化 6. 都市智慧控制平台建设

此外，中国台湾还针对建筑节能和可再生能源等绿色建筑相关技术应用制定了一系列激励政策。对购置节能设备给予税款抵减、优惠贷款等奖励，对能源管理公司给予税款抵减或免征的优惠政策（见表7-4）。在可再生能源应用方面，给予设备补助、电价补助、特殊补助和财税奖励（见表7-5）。

中国台湾建筑节能奖励措施　　　　　　　　　　　　　　表7-4

奖励措施	具体实施办法
购置节约能源或利用洁净能源设备或技术的给予营业所得税抵减优惠	公司购置自行使用的节约能源或利用净洁能源的设备或技术，其在同一课税年度内购置总金额达新台币60万元以上者，按13%的设备购置成本或按10%的技术购置成本抵减其当年度应纳营业所得税额；当年度应纳营业所得税额不足抵减者，可在以后4年内应纳营业所得税额中抵减
购置节约能源设备的可获得优惠贷款	贷款对象：公有或民营企业； 贷款利率：最高不超过邮政储金两年期定期储金年息机动利率与年息2.45%之和； 贷款限额：本贷款不得用于购置不动产，每一计划贷款额度视申请人财务状况及申贷额度核定，最高不得超过该计划成本的80%，且每一申请人核准适用本贷款额度最高不得超过贷款总额度的4%； 贷款期限（含宽限期）：依据购置节约能源设备投资计划核定，但最长不得超过7年（含宽限期3年）
对能源服务公司给予奖励	加速折旧：可节能或可利用替代能源的机器设备可按两年加速折旧； 投资租税抵减：公司用于节约能源设备或技术采购的资金，可抵减当年度应纳营业所得税额，其中中国台湾生产的节约能源设备可抵减20%，其他国家和地区生产的可抵减10%；节约能源技术可抵减10%； 优惠贷款：由开发基金和交通银行、中国台湾中小企银提供"购置节约能源设备优惠贷款"

中国台湾可再生能源奖励政策　　　　表 7-5

奖励措施		补助方式及标准			补助对象
设备补助	太阳能热水系统推广奖励要点（2004 年 12 月 31 日修订发布）	按购置集热器种类及有效集热面积补助			1. 用户（中国台湾居民或法人）购置合格产品； 2. 以新品为限
		（m²）	本岛	离岛	
		面盖式平板集热器	1500 元	3000 元	
		真空管式集热器	1500 元	3000 元	
		无面盖平板集热器	1000 元	2500 元	
		其他形式的集热器：由主管机关核定			
	风力发电示范系统设置补助要点	每 kW 的补助金额<1.6 万元新台币；占设备成本比例<50%			注：考虑设备补助仅为短期奖励手段，且已达成示范引导阶段性任务，目前改以优惠收购电价进行鼓励
	太阳光电发电示范系统设置补助要点（2004 年 11 月 1 日修订发布）	每 kW 补助<15 万元新台币；占设置成本比例<50%；公立机构在 10kW 以内得全额补助，但以不超过补助预算半数为限（至 2004 年底）			中国台湾居民或法人在本办法施行后在岛内及离岛地区新设或扩增示范系统，且未曾获得补助者
电价补助	一般废弃物掩埋场沼气发电奖励办法（2003 年 1 月 22 日发布）	每度电补助 0.5 元新台币			与一般废弃物掩埋场所有人或管理人签订契约，约定在该掩埋场抽取沼气用于发电的企业
	中国台湾电力股份有限公司可再生能源电能收购作业要点（2004 年 6 月 29 日发布）	每度电收购金额设为 2 元新台币			购置可再生能源发电设备的企业，总量上限为 600MW
特殊补助	地热发电示范系统探勘补助要点（2005 年 2 月 2 日修正发布）	地热探勘成本<50%（行政机构不在此限），且多目标应用规划费用不得超过补助款的 10%			公告示范区探勘的行政机构，或在示范区取得开设许可的电力企业
财税奖励	促进产业升级条例（2005 年 2 月 2 日修正发布）	按投资新/洁净能源设备支出的 11% 可抵减营业所得税；投资新/洁净能源产业的股票价款的 10%～20% 可抵减所得税；设备两年加速折旧；低利贷款：不超过邮政两年期储金年息机动利率与年息 2.45% 之和			1. 以公司为限； 2. 购置利用风力发电、地热、太阳光电、太阳热能、生物质能与废弃物能、海洋能及小水力发电

7.3 中国台湾绿色建筑评价体系

7.3.1 中国台湾绿色建筑评估制度

中国台湾于 1998 年建立了具有亚热带气候特征的绿色建筑评估系统，又称 EEWH 系统，并制定了《绿建筑解说与评估手册》为绿色建筑评估提供了依据。EEWH 系统，是继英国 BREEAM、美国 LEED、加拿大 GBTool 之后，全球第四个绿色建筑综合评估系

图7-5 绿建筑标章

统。中国台湾建筑研究所在1999年制定了"绿建筑标章"（见图7-5）认证制度，将绿建筑标章作为绿色建筑具体的奖励与识别标志。评估认证的研发机构由行政机构（建筑研究所）与学术单位（绿色建筑专家、学者）共同组成。建筑研究所委托公益财团法人中华建筑中心组建绿色建筑审查委员会，开展审查认证工作，经审议评判通过后方可发给标识，认定为绿色建筑。

为实现简化、量化的目标，中国台湾绿色建筑评估系统建立之初，就提出"绿化、基地保水、日常节能、CO_2减量、废弃物减量、水资源、污水垃圾改善"共七大评估指标，并以"消耗最少地球资源，排放最少废弃物的建筑物"作为绿色建筑的早期定义。EEWH评估施行三年之后，通过评审近百个绿色建筑项目，这七大指标体系被发现许多有待改进的问题，同时很多学者、专家也提出增列新指标的要求，因此2003年版《绿建筑解说与评估手册》在上述七大指标系统之外，加入了"生物多样性指标"与"室内环境指标"，组成如表7-6所示的九大评估指标系统，成为中国台湾目前绿色建筑评估的基础。

表7-6 中国台湾绿色建筑九大评估指标系统（按与地球环境关系大小排序）

大指标群	指标名称	与地球环境关系						排序关系		
		气候	水	土壤	生物	能源	材料	环境相关程度	空间	操作次序
生态	1. 生物多样性指标	*	*	*	*			大 ↕ 小	外 ↕ 内	先 ↕ 后
	2. 绿化量指标	*	*	*	*					
	3. 基地保水指标	*	*	*						
节能	4. 日常节能指标	*				*				
减废	5. CO_2减量指标			*		*	*			
	6. 废弃物减量指标			*			*			
健康	7. 室内环境指标					*	*			
	8. 水资源指标	*	*							
	9. 污水垃圾改善指标		*	*			*			

这九大指标可归为生态Ecology（包括生物多样性、绿化量、基地保水等三个指标）、节能Energy Saving（日常节能指标）、减废Waste Reduction（包括CO_2及废弃物减量等两个指标）、健康Health（包括室内环境、水资源、污水垃圾改善等三个指标）共四大范畴。九大指标的内容、命名、排序综合考虑了环境持续发展的比重平衡，其指标次序依据与环境的相关程度由大至小而排列。据此中国台湾也将绿色建筑定义为："生态、节能、减废、健康的建筑"，这一定义言简意赅、通俗易懂，对绿色建筑的推广有很大帮助。

自2004年起，EEWH系统开始采用分级评估法，以2003年获得绿建筑标章162个项目的得分统计为基础，依据"对数正态分布"制定了分级评估界线（见图7-6）。该分级评估法具有低得分容易而高得分难的特点，由合格至最优依序分为合格级、铜级、银级、黄金级、钻石级五级，不仅与国际趋势同步，也是提升绿色建筑性能的有效策略。具体等级划分办法为：依据自然对数正态分布的概率比例，由可能性最高、最低得分82～12分，划定五个概率区间作为分级标准，即以得分概率95%（53分）以上为钻石级、80%～

95%（42～53分）为黄金级、60%～80%（34～42分）为银级、30%～60%（26～34分）为铜级、30%（26分）以下则为合格级的五级评估系统（见图7-7）。

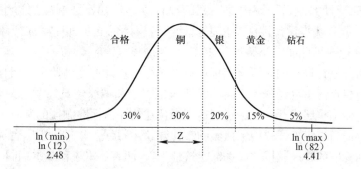

图7-6 以对数常态分布制定的绿建筑标章分级示意图

图7-7 中国台湾绿色建筑等级划分

依据绿色建筑系统的基础版（EEWH-BC），2009年中国台湾又委托成功大学建筑系研发完成生态小区评估系统EEWH-EC，并在2010年开始推动生态小区的认证活动。此评估系统主要包括内涵生态（Ecology）、节能减废（Energy conservation & Waste reduction）、健康舒适（Health & comfort）、小区机能（Service function）与治安维护（Crime prevention）五大范畴。其中，健康舒适范畴中的主要指标为"都市热岛"，可作为独立的都市热岛评估系统EEWH-HI，进行单独评估用。这些指标综合了EEWH-BC以及美国LEED与日本CASBEE的相关评价指标，同时考虑了中国台湾实际情况、社会发展与未来生态小区设想的要求。除了EEWH-HI与EEWH-EC之外，自2010年起中国台湾开始着手制定高科技厂房绿色建筑评估系统EEWH-EF、既有建筑物绿色建筑评估系统EEWH-EB和住宅绿色建筑评估系统EEWH-RS，这些版本将构成更完整的绿色建筑评估体系，可涵盖90%以上的建筑类型（见图7-8）。

图7-8 中国台湾绿色建筑评估体系

同时，EEWH系统考虑到不同建筑物有其不同的性质，若以同一标准进行评估，未免有失公平。因此在各项不同的指标中，针对不同性质的建筑物，又制定不同的标准值作为评估基准。EEWH系统还强调因地制宜的设计理念，并不强制应用再生能源、绿色建材、绿色设备，所有基本设计性能均依据设计图与设计规范通过计算进行评估，但尚未开展对设备系统进行现场性能实测验证的工作。

依据中国台湾制订颁布的《绿建筑标章暨候选绿建筑证书推动使用手册作业要点》的定义，现阶段绿色建筑评审流程分为"候选绿建筑证书"和"绿建筑标章"两个阶段。"绿建筑标章"为取得使用执照或既有合法建筑达到绿色建筑评估标准颁授的奖章。同时，为了鼓励取得建设执照但尚未完工领取使用执照的新建建筑申报绿色建筑，中国台湾对规划设计符合绿色建筑评估标准的建筑颁授"候选绿建筑证书"，两者评审流程基本相同（见图7-9）。

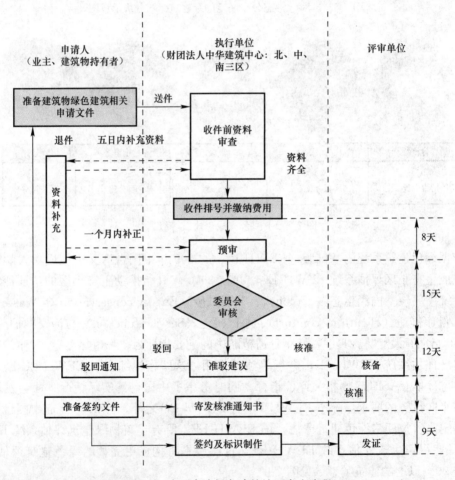

图7-9 中国台湾绿色建筑认证审查流程

7.3.2 中国台湾绿建材标识

建筑业是一种高耗能、破坏生态的产业，且建筑物对使用者有较大影响。据中国台湾建筑研究所2009年《建筑室内环境保健综合指标之研究》的成果表明，空气环境影响因子中建材相关指标达一半以上，建材对人体健康的影响显而易见。而建筑材料在制造过程中出于性能考虑，经常添加各种化学物质以达到硬化、胶合及防腐的效果，在房屋装修完成后，这些化学物质会随着时间和温度变化大量挥发于空气中影响室内环境质量。而绿色建材在原料收集、产品制造、应用过程和使用以后的再生利用循环中，可以减轻对环境的影响且不会对人类身体健康造成危害，为上述问题的解决提供了有效途径。

为对绿色建材进行评估和认证，中国台湾设立了"绿建材标识"（见图7-10）。该标识主要延续"绿建筑标章"的设立目标，即建立符合室内健康环境的建材试验方法和认定基准规范，规范岛内和岛外建材企业行为，在材料引进或使用前对其相关性能进行验证，以确保室内环境品质的安全和使用者的健康。"绿建材标识"适用于生态绿色建材、健康绿色建材、高性能绿色建材及可再生绿色建材等的认定，且依据建材生命周期的资源收集、制造、使用、废弃再生等，提出各阶段应关注的要点和认定方式。

图7-10　绿建材标识

7.3.3　中国台湾绿建筑标章认证项目案例

台北市立图书馆北投分馆位于拥有自然生态的公园内，该馆具有得天独厚的景观优势，设计者将绿色建筑理念融入到了图书馆的设计中，以绿化、节能、兼具自然、生态、环保教育为设计重点，将图书馆融入北投公园生态、历史文化环境中，成为了大自然中的"一本书"（图7-11），最终获得了钻石级"绿建筑标章"。

图7-11　北投分馆外立面图

北投分馆充分保留了北投亲水公园内的多样生态栖地，在基地内种植了原生植物，采取了多层次杂生混种绿化方式，同时利用生态方式为堤岸树蛙提供了良好的栖息环境，保护了建设场地内的生物多样性。在绿化方面，由于项目周边林木高大，树荫浓密且绿化地块多集中于北侧建筑阴影中，因此选用半日照或耐阴性植物；屋顶绿化为了降低维护管理的成本，主要以耐旱性较强的植被和草坪为主。在基地保水方面，项目铺地以透水地面为主（见图7-12）、屋顶设有屋顶花园（见图7-13），提高了建筑和周边环境的自动渗水功能。

在日常节能方面，项目配合周边环境，建筑南面向公园开放，北面临溪。图书馆设置了落地窗户，以获得充足的自然光照。同时，挑高夹层的高低窗（见图7-14）可产生"浮力通风"，配合自然通风，在室内制造对流加快通风；所有房间开窗面积均有1/3以上可开窗通自然风（见图7-15）；空调主机采用多台多压缩机方式；屋顶设有太阳能光电板

图 7-12 透水地面

图 7-13 花园屋顶

图 7-14 挑高夹层的高低窗

发电（见图 7-16），可发电 16kWh。在 CO_2 减量方面项目建材采用轻质化钢结构与木结构，降低建材使用量，减少了建材生产的耗能与 CO_2 排放，并通过土方平衡对建造过程中产生的土方进行了重新利用，减少了废物材料排放。在室内环境改善方面，项目通过户外阅览空间与环境的连接，以及加强自然通风、换气等方式，有效改善了室内环境。在水资源节约方面，项目采用了节水器具，并结合当地雨水充沛的特点，设置了雨水回收水箱和雨水蓄集槽，对雨水进行回收利用，从"开源"和"节流"两个方面实现的了对水资源的节约。在垃圾、污水改善方面，图书馆实现了污水分流与垃圾分类处理，减轻了对外部环境的影响。

图 7-15 可开启窗户

图 7-16 太阳能光电板发电

7.4 中国台湾绿色建筑政策法规及评价体系的特点与启示

7.4.1 中国台湾绿色建筑政策法规的特点

（1）行政机构积极引导，推动作用明显

中国台湾主要通过行政机构主导，自上而下地推动绿色建筑发展，出台了"绿建筑推动方案"等绿色建筑发展政策，对行政机构投资项目和大型公共建筑开始强制推行绿色建筑制度，同时对既有建筑绿色改造、可再生能源的应用等给予资金奖励。并通过在《建筑设计规则》中设置"绿建筑专章"，实现了绿色建筑的法制化，扩大了绿色建筑的强制范围。在这种"强制"与"激励"结合的方式推动下，改变了在绿色建筑推动初期申报项目较少的现象，促进了绿色建筑的技术发展和市场培育。

（2）分阶段推动绿色建筑发展

在绿色建筑发展的不同阶段，中国台湾根据实际情况及时进行调整，制定了不同的推动政策。在绿色建筑发展初期，主要以"建筑单体"为对象推动绿色建筑发展和相关技术的进步。在绿色建筑发展进入成熟阶段后，开始关注区域规划，将绿色建筑与生态城市相结合，推广生态小区和可持续城市，以解决热岛效应等城市建设过程面临的突出问题，从建筑单体和外部环境两个方面改善居住和工作环境。之后，中国台湾结合其在ICT产业方面的优势，启动了"智慧绿色建筑"的推动方案。通过上述政策方向的转变，中国台湾不断适应外部环境的变化，有效整合了绿色建筑发展和相关技术产业进步带来的优势，循序渐进地推动了当地绿色建筑健康、快速发展。

7.4.2 中国台湾绿色建筑评价体系的特点

中国台湾绿色建筑评价体系讲求因地制宜，充分考虑了中国台湾建筑建造过程中存在的种种与气候环境不适应的问题，以及亚热带建筑"适中的开口"、"丰富的阴影"的文化风格。同时，除新建筑外还专门针对社区、既有建筑改造和工业厂房制定了评价标准，使评价体系更加完善、合理，可满足不同建筑类型的评价需求。在评估办法方面，中国台湾绿色建筑评价体系具有"低得分容易，而高得分难"的特点，通过"低得分容易"推动绿色建筑普及，通过"高得分难"推动绿色建筑技术的创新，层次分明合理，便于操作实施。对绿色建筑设计、建造起到了重要的引导作用。

7.4.3 对大陆绿色建筑发展的启示

中国台湾同大陆一样主要以行政机构引导的方式推动绿色建筑发展，采取的策略也基本一致，采用了"激励"与"强制"双管齐下的方式，并取得了保质保量的良好效果。这其中有几点值得学习：

（1）绿色建筑政策法规"与时俱进"

中国台湾绿色建筑政策法规很好地实现了"与时俱进"的调整和完善，在不同发展阶段根据实际情况及时调整了政策重点，引领了绿色建筑的健康发展方向。一方面，这可能是得益于其建筑规模相对较小，方便其"灵活转身"；另一方面，也说明中国台湾绿色建筑政策和评价体系制定者具有严谨的科学态度，面对绿色建筑这一不断发展中的新事物，采取了边学习边改进的谦逊态度，不断完善其绿色建筑政策法规体系。前者对于大陆地方政府制定政策应该具有很好的参考作用，后者更是值得所有参与绿色建筑发展的相关人士学习和借鉴。

（2）绿色建筑与优势产业结合发展

中国台湾十分注重当地与绿色建筑相关的优势资源，如将绿色建筑与ICT产业相结合提出了"智慧绿色建筑"的概念，在绿色建筑发展的同时带动了相关绿色产业的发展进步，真正做到了绿色转型。大陆地方政府也可学习其有效整合优势资源的经验，将与绿色建筑相关的优势产业和国家重点推广的技术相结合（如建筑工业化、太阳能技术等），充分发挥绿色建筑的带动效应，推动相关产业的进步、升级。

第8章 世界绿色建筑政策法规分析及对我国的启示

前面章节分别对美国、英国、新加坡、日本、中国台湾和中国大陆的绿色建筑政策法规、绿色建筑评价体系或标准进行了梳理和分析。可以看出，这几个国家和地区基本代表了当今世界几类典型的绿色建筑发展情况。这些国家和地区采用不同的方式发展，但都已进入了相对成熟的实施阶段，主要体现在逐步完善的绿色建筑政策法规体系、适合当地的绿色建筑评价体系、逐步成熟的市场经济和逐步健全的第三方认证机制等几个方面。

其中，美国、英国和日本主要通过完善法律法规体系来逐步实现绿色建筑的系统发展；而新加坡和中国台湾更倾向于采用专项行动渗透政策法规体系，以加速绿色建筑的发展。我国大陆既有与台湾地区以及新加坡相似的绿色建筑政策管理机制，也有与美国、英国和日本相似的多地区全面发展需求。因此，学习分析其他国家和地区绿色建筑政策法规的制定与发展经验，对我国开展绿色建筑工作具有重要的借鉴意义。

8.1 完善顶层设计，制定科学合理的目标和规划

从国家层面出台绿色建筑发展规划和相关政策措施，需要事先进行顶层设计，提出合理的目标和科学、可行的方向。例如，新加坡制定的第一期和第二期"绿色建筑总蓝图"、中国台湾制定的第一期和第二期"绿色建筑推动方案"，日本制订的低碳住宅与公共建筑路线图等，都是在分析其技术基础、经济条件和面临的环境与资源压力后，研究提出了较长时期的发展规划，并围绕规划制定了完善的配套制度，不仅可以少走弯路，更可以根据实际情况围绕较长期的规划目标不断调整短期的配套政策制度，这对绿色建筑发展起到了重要的引导作用。通过借鉴上述经验，可以帮助我国为全面推进绿色建筑画好蓝图。

8.2 绿色建筑发展需因地制宜、循序渐进

我国目前在国家和地方两个层面虽然也都在制定绿色建筑行动方案，提出了相应的发展目标和规划，但仍处于探索阶段。这方面的具体工作中，可借鉴国外绿色建筑顶层规划设计的经验，除了充分的前期研究外，必须随着本国技术经济的不断发展，不断进行优化和完善，并按照长期规划设置相应的配套措施。例如，为了解决及时调整和发展方向稳定的问题，英国采用"分步走"，2016年前将使本国所有的新建住宅实现零碳排放，到2019年所有非住宅新建建筑必须达到碳零排放；新加坡通过三期"绿色建筑总蓝图"逐步实现从"新建建筑→既有建筑→建筑用户"的推广。

8.3 政府带头示范，充分发挥引领作用

很多国家开始实施强制政策，都是拿政府自己的建筑开刀。这是因为两个原因：一是

因为执行自己制定的政策无可厚非；二是因为政府建筑具有政府形象，带头做绿色建筑是一个很好的榜样。因此，各国政府对其投资的建筑都毫不留情的加以严格的政策约束，以期在社会中快速建立绿色建筑的好形象，如美国的《能源独立安全草案（EISA）》要求到2015年以后新建和改建的联邦政府大楼实现能源使用需削减35%，到2030年实现零能耗的目标；新加坡的"第一期绿色建筑总蓝图"提出，由政府带头建设绿色建筑，明确自2007年4月1日起，5000m^2以上的政府投资工程与重大改建扩建工程必须获得绿色标志认证级；中国台湾的《绿建筑推动方案》，强制要求政府部门新建建筑按照绿色建筑标准进行设计，明确政府补助二分之一以上经费且工程造价在5000万元新台币以上的新建建筑，必须进行绿建筑标章认证审查。上述这些国家和地区都通过带头示范，成功地加速了对绿色建筑的推动。由此可见，我国在强制政府部门实施绿色建筑这方面的力度可以加大。

8.4 以市场培育为目标的激励政策

"市场失灵"是影响绿色建筑发展的重要因素，因此政府出台相应的激励与强制政策是推动绿色建筑发展的重要途径。大多数国家和地区都制定了相应的激励政策，而且实践证明确实取得了良好效果，主要包括：财政补贴、建筑面积奖励、税费减免、设备加速折旧、快速审批、优惠贷款等，并根据不同的实际情况单独或组合使用。同时，一些国家和地区在制定经济政策时，十分注重调动市场作用，对推动绿色建筑发展起到了积极有效的作用。例如，美国通过节能效益合同和公用事业能源服务合同，解决了实施能源管理的资金来源问题。

我国目前的绿色建筑激励政策还处于探索阶段，缺乏对各类激励措施适用条件和保障机制的全面认识，而且对市场作用的调动也还不够，如何通过激励政策培育我国的绿色建筑市场是非常重要的问题。

8.5 加快完善绿色建筑标准体系，并提高其应变能力

我国目前由国家和地方出台的绿色建筑相关标准多以评价标准为主，而国外绿色建筑的标准体系中除了评价标准，更多的是强制或推荐的一些设计标准、技术规范等。只有同时建立了评价标准和完善了相关建设标准，才可以通过一拉一推的方式，以评价标准为引导，建设标准为支撑，促进绿色建筑的实施。

对于我国现有的绿色建筑评价标准，从2006年出台至2014年第一次修订，用了8年的时间，而国外绿色建筑评价标准体系平均1~2年就会调整一次，来适应瞬息万变的绿色建筑发展。如何通过机制改革完善标准体系的灵活应变能力，及时改变现有标准中的问题，消除社会对绿色建筑的误解，是绿色建筑得以在我国长期发展的一个关键。

8.6 完善第三方机制和职业资格认证机制，规范技术市场

我国的绿色建筑发展虽晚，但速度很快，这就出现了一个明显的问题：如何通过有力的监管制度保证绿色建筑的发展质量？这方面可以借鉴的经验也不少。

一方面不少国家和地区通过完善的第三方机制，实现社会监管。例如，美国、日本、新加坡和中国台湾制定了绿色建筑、绿色家电、绿色建材、节能建筑设备等一系列认证制度，为开发商在绿色建筑设计、建造，以及业主在绿色建筑的使用、维护过程中选择相关产品、材料，提供了全面的质量监督。

另一方面，这些国家和地区通过绿色建筑职业资格认证制度建立了市场准入机制，通过提升并规范绿色建筑从业人员技术水平和服务行为，进一步保障了绿色建筑技术市场的质量。我国可借鉴其经验建立相应的认证和准入制度，充分发挥第三方机构在绿色建筑评价方面的优势，解决咨询服务市场缺乏监管和规范的问题。

8.7 实施我国绿色建筑的"走出去战略"

我国建设事业已经开始"走出去"，相应的，我国的绿色建筑事业也应该同步走出去。地球就一个，不管在哪里，都应该坚持资源能源的节约和环境的保护，都应该发展绿色建筑。并且，"走出去"了，才可以更清楚地看到我国绿色建筑发展中的问题，同时使中国绿色建筑思想与世界绿色建筑思想相融。

附 表

附表1 中国各地方绿色建筑行动方案内容简表（按发布时间排序）

序号	地区	相关文件名称	总体发展目标	强制目标	激励措施
1	湖南	湖南省人民政府关于印发《绿色建筑行动实施方案》的通知（湘政发〔2013〕18号）—2013年3月31日	到2015年底全省20%以上城镇新建建筑达到绿色建筑标准要求，各县创建1个以上获得绿色建筑评价标识的居住小区，长沙、株洲、湘潭三市城区25%以上新建建筑达到绿色建筑标准要求；全省创建5个以上示范作用明显的绿色建筑集中示范区，其中长沙、株洲、湘潭三市应分别创建1个以上绿色建筑集中示范区；到2020年，全省30%以上新建建筑达到绿色建筑标准要求，长沙、株洲、湘潭三市50%以上新建建筑达到绿色建筑标准要求	2014年起，全省政府投资建设的公益性公共建筑和长沙市保障性住房全面执行绿色建筑标准	对省绿色建筑创建计划项目，纳入绿色审批通道；对因绿色建筑技术而增加的建筑面积，不纳入建筑容积率核算；在"鲁班奖"、"广厦奖"等评优活动，将获得绿色建筑标识作为民用房屋建筑项目入选必备条件；对实施绿色建筑的相关企业，在企业资质年检、企业资质升级中给予优先考虑或加分
2	吉林	吉林省人民政府办公厅关于转发省住房城乡建设厅、省发展改革委《吉林省绿色建筑行动方案》的通知（吉政办发〔2013〕13号）—2013年4月1日	"十二五"期间完成新建绿色建筑1000万m²，建成3个绿色示范城区，2015年末，20%的城镇新建建筑达到绿色建筑标准要求	2014年起，政府投资建设、单体建筑面积超过2万m²大型公共建筑，保障性住房、长春市保障性住房，全面执行绿色建筑标准	

102

续表

序号	地区	相关文件名称	总体发展目标	强制目标	激励措施
3	山东	山东省人民政府《关于大力推进绿色建筑行动的实施意见》（鲁政发〔2013〕10号）—2103年4月27日	到2015年，累计建成绿色建筑5000万m²以上，当年新建城镇新建建筑达到20%以上的绿色建筑标准	2014年起，政府投资或以政府投资为主的机关办公建筑、公益性建筑、保障性住房，单体面积2万m²以上的公共建筑，全面执行绿色建筑标准	
4	河北	河北省人民政府办公厅转发省发展改革委省住房城乡建设厅《关于开展创建绿色建筑行动创建绿色建筑节能省的实施意见》的通知（冀政办〔2013〕6号）—2013年4月28日	到2015年底，城镇新建建筑中绿色建筑面积占建筑总量比例达到10%，三星级绿色建筑面积达到25%，绿色建筑总量比例达到10%		对新建绿色大型公共建筑、优先落实高效照明产品推广补贴政策
5	江苏	江苏省政府办公厅关于印发《江苏省绿色建筑行动方案》的通知（苏政发〔2013〕103号）—2013年6月3日	"十二五"期间，全省达到绿色建筑标准的项目总面积超过1亿m²，其中，2013年新增1500万m²；2020年，全省50%以上绿色建筑新建建筑按二星及以上绿色建筑标准建造	自2013年起，全省保障性住房，政府投资项目中的项目以及大型公共建筑四类新建项目，全面执行绿色建筑标准；2015年，城镇新建建筑按一星及以上绿色建筑标准设计建造	
6	青海	青海省人民政府办公厅关于转发省住房城乡建设厅《青海省绿色建筑实施方案》的通知（青政办〔2013〕135号）—2013年6月3日	2015年末，城镇新建民用建筑标准比例达到20%；2020年末，绿色建筑新增民用建筑的比例达到30%以上		取得一星级绿色建筑评价标识的项目返还30%城市配套费取得二星级绿色建筑评价标识的项目返还50%城市配套费；取得三星级绿色建筑评价标识的项目返还70%城市基础设施配套费

续表

序号	地区	相关文件名称	总体发展目标	强制目标	激励措施
7	海南	海南省人民政府办公厅关于转发《海南省绿色建筑行动实施方案》的通知（琼政办〔2013〕96号）—2013年6月21日	"十二五"期间完成新建绿色建筑550万m²；到2015年底20%的新建建筑达到绿色建筑标准	2014年起，政府投资建设以及单体建筑面积超过2万m²的大型公共建筑全面执行绿色建筑标准；海口市、三亚市和儋州市保障性住房全面执行绿色建筑标准，其他市县新建保障性住房30%以上达到绿色建筑标准要求	对达到二星级运行标识的绿色建筑返还20%城市基础设施配套费；对达到三星级运行标识的绿色建筑返还40%城市基础设施配套费
8	北京	北京市人民政府办公厅关于转发市住房和城乡建设委等部门《绿色建筑行动实施方案》的通知（京政办发〔2013〕32号）—2013年6月24日			对非强制执行二、三星级绿色建筑标准和实施住宅产业化的项目，若招标人承诺建设二星级以上的绿色建筑和实施住宅产业化，市国土部门应在土地入市交易评审中给予适当加分；对达到北京市绿色建筑运行标识项目分别二、三星级的绿色建筑或国家级的绿色建筑评价标识项目分别给予22.5元/m²和40元/m²的财政资金奖励
9	四川	四川省人民政府办公厅关于印发四川省绿色建筑行动实施方案的通知（川办发〔2013〕38号）—2013年6月26日	"十二五"期间，完成新建绿色建筑3200万m²，到2015年，20%的城镇新建建筑达到绿色建筑标准要求	2014年起政府投资新建的公共建筑以及单体建筑面积超过2万m²的新建公共建筑全面执行绿色建筑标准，2015年起具备条件的公共建筑全面执行绿色建筑标准	
10	河南	河南省人民政府办公厅关于印发河南省绿色建筑行动实施方案的通知（豫政办〔2013〕57号）—2013年7月4日	"十二五"期间，新建绿色建筑4000万m²；2015年城镇新建建筑中的20%达到绿色建筑标准，国家可再生能源建筑应用示范县新建绿色建筑比例达到50%以上	2014年起，全省新建保障性住房、国家可再生能源建筑应用示范市及绿色生态城区的新建项目、各类政府投资的公益性建筑面积超过2万m²的大型公共建筑以及单体建筑，全面执行绿色建筑标准	对使用新型墙体材料，并获得绿色建筑三星、二星、一星的建筑，返还已征收的新型墙体材料专项基金，并给予各容积率返还；对获得绿色建筑评价星级认定的项目，优先推荐申报中州杯、鲁班奖等评优评奖项目

续表

序号	地区	相关文件名称	总体发展目标	强制目标	激励措施
11	新疆生产建设兵团	新疆生产建设兵团办公厅关于转发兵团发展改革委、建设（环保）局《兵团"十二五"绿色建筑行动实施方案》的通知（新兵办发〔2013〕88号）——2013年7月19日	各师要在2013年产建筑执行绿色建筑标准，2014年50%的新建建筑执行绿色建筑标准；2015年所有新建建筑执行绿色建筑标准	2014年起，政府投资的公益性项目2万m²以上的大型公共建筑，10万m²以上的住宅小区兵团国有投资项目及城市区域内的保障性住房项目，全面执行绿色建筑标准；2015年所有新建建筑执行绿色建筑标准	
12	陕西	陕西省人民政府办公厅关于印发《省绿色建筑行动实施方案》的通知（陕政办发〔2013〕68号）——2013年7月24日	到"十二五"末，20%的城镇新建建筑达到绿色建筑标准	2014年起，政府投资建设、省会城市保障性住房、单体建筑面积超过2万m²的大型公共建筑，全面执行绿色建筑标准	
13	山西	山西省人民政府办公厅转发省发展改革委、省住房城乡建设厅《山西省开展绿色建筑行动实施意见》的通知（晋政办发〔2013〕88号）——2013年8月23日	到2015年绿色建筑达到1000万m²以上，各设区市建设2个绿色建筑集中示范区	2013年起绿色建筑工程全面执行绿色建筑标准。2014年起建筑面积超过2万m²的大型公共建筑、单体建筑面积超过2万m²的保障性住房，原市新建保障性住房全面执行绿色建筑标准	对因实施外墙外保温、遮阳、太阳能光伏幕墙等绿色建筑技术而增加的建筑面积，可不纳入建筑容积率计算；鼓励项目实施立体绿化，其屋顶绿化面积的20%可计入该项目绿化用地面积，也可计入当地绿化面积
14	湖北	湖北省人民政府办公厅关于印发《湖北省开展绿色建筑行动实施方案》的通知（鄂政办发〔2013〕59号）——2013年8月29日	"十二五"期间，全省新建绿色建筑1000万m²以上；2015年末，全省城镇新建建筑达到绿色建筑20%以上	2014年起，国家机关办公建筑和政府投资的公益性建筑、武汉、襄阳、宜昌市中心城区的大型公共建筑先执行绿色建筑标准，各地应对10万m²及以上的房地产项目在土地出让、规划许可中明确绿色建筑指标要求；2015年起，全省国家机关办公建筑和大型公共建筑、武汉、襄阳、宜昌市中心城区的保障性住房开始实施绿色建筑标准	对因实施绿色建筑技术而增加的建筑面积不纳入建筑容积率核算；对采用地源热泵系统的项目，用电与主体建筑实行同类电价；对列入绿色建筑创建计划的项目，优先纳入各级重点工程项目，进入审批通道；对实施绿色建筑评优及相关示范工程项目评审，应将获得绿色建筑星级标识作为入选的必要条件；在企业质改造中，资质升级验证、资质年检，优先办等；对实施绿色建筑成效显著的企业，项目招投标中给予免检，在企业资质年检中给予加分等奖励

续表

序号	地区	相关文件名称	总体发展目标	强制目标	激励措施
15	安徽	安徽省人民政府办公厅关于印发《安徽省绿色建筑行动实施方案》的通知（皖政办〔2013〕37号）—2013年9月24日	"十二五"期间，全省新建绿色建筑1000万㎡以上，创建100个绿色建筑示范项目和10个绿色生态示范城区。2015年末，全省20%的城镇新建建筑按绿色建筑标准设计建造，其中，合肥市达到30%。2017年末，全省30%的城镇新建建筑按绿色建筑标准设计建造	公共机构建筑和政府投资的学校、医院等公益性建筑以及单体建筑超过2万㎡的大型公共建筑要全面执行绿色建筑标准。2014年起，合肥市保障性住房全部按绿色建筑标准设计、建造	金融机构对绿色建筑的消费贷款利率可下浮0.5%，开发贷款利率可下浮1%；省有关部门在组织"黄山杯"、"鲁班奖"、勘察设计奖、科技进步奖等评选时，对取得绿色建筑评价标识的项目应优先入选或推荐
16	江西	江西省住建厅关于印发《江西省发展绿色建筑实施意见》的通知（赣建环发〔2013〕587号）—2013年9月29日	2015年末，新增两个国家级绿色生态城区，绿色建筑标识项目超过100项，绿色建筑面积占新建建筑面积的20%以上	2014年起，政府投资住房、保障性住房，以及单体建筑面积超过2万㎡的大型公共建筑，全面执行绿色建筑标准	在"鲁班奖"、"广厦奖"、"华夏奖"、"全国绿色建筑创新奖"、"杜鹃花奖"等各类示范工程评选中，实行绿色建筑标识先入选或优先推荐上报制度
17	广西	广西壮族自治区发展改革委员会、住房和城乡建设厅关于印发《广西绿色建筑行动实施方案》的通知（桂发改环资〔2013〕1407号）—2013年10月23日	"十二五"期间，完成新建绿色建筑1000万㎡；到2015年末，20%以上建成绿色建筑达到新建建筑标准要求	2014年起，政府投资建筑，南宁市保障性住房建筑，以及单体建筑面积超过2万㎡的旅游饭店，2014年后建成必须执行绿色建筑标准。定星级旅游饭店，才能受理评定资格	在"鲁班奖"、"广厦奖"、"华夏奖"等评优活动及各类示范工程项目中，对获得绿色建筑标识的项目，实行优先入选或优先推荐上报
18	福建	福建省人民政府办公厅关于转发《福建省绿色建筑行动实施方案》的通知（闽政办〔2013〕129号）—2013年10月27日	"十二五"期间，完成新建绿色建筑1000万㎡；2015年末，全省20%的城镇新建建筑达到绿色标准要求；2020年末，40%的城镇新建建筑达到绿色建筑标准要求	从2014年起，政府投资的公益性项目、大型公共建筑（指建筑面积2万㎡以上的）公共建筑）、10万㎡以上住宅小区以及厦门、福州、泉州市财政性投资的保障性住房全面执行绿色建筑标准	对绿色建筑项目，各地纳入绿色审批通道；在"鲁班奖"、"闽江杯"等评优活动、"优秀勘察设计奖"等评优计划中，优先推荐绿色建筑项目

续表

序号	地区	相关文件名称	总体发展目标	强制目标	激励措施
19	广东	广东省人民政府办公厅关于印发《广东省绿色建筑行动实施方案》的通知（粤府办〔2013〕49号）—2013年11月11日	到"十二五"期末，全省累计建成绿色建筑4000万m²以上，建设10个以上的绿色生态城（园）区；到2020年底，绿色建筑占全省新建建筑比重力争达到30%以上	2014年1月1日起，新建大型公共建筑、政府投资新建的公共建筑以及广州、深圳市新建保障性住房全面执行绿色建筑标准；2017年1月1日起，全省新建保障性住房全部执行绿色建筑标准	
20	贵州	贵州省人民政府办公厅关于转发省住房城乡建设厅《贵州省绿色建筑行动实施方案》的通知（黔府办发〔2013〕55号）—2013年11月13日	"十二五"期间，全省完成新建绿色建筑1000万m²，2015年20%的城镇新建建筑达到绿色建筑标准，2020年力争实现60%的城镇新建建筑达到绿色建筑标准	2014年起，全省由政府投资建设的保障性住房，以及贵阳市由政府投资新建单体建筑面积超过2万m²的机场、车站、宾馆、商场、饭店、写字楼等大型公共建筑要严格执行绿色建筑标准	对经营性营利项目要以容积率奖励为主，在获得星级绿色建筑设计标识后，除实施绿色建筑项目计容建筑面积的3%以内给予奖励
21	新疆	新疆维吾尔自治区人民政府办公厅关于转发自治区住房城乡建设厅发改委《绿色建筑行动方案》的通知（新政办发〔2013〕135号）—2013年11月26日	2015年末，实施两个绿色生态区示范建设，新建绿色建筑1000万m²；2020年末，实施7个绿色生态区示范建设	2014年起，政府投资建筑，克拉玛依市建设超过2万m²的大型公共建筑，单体建筑面积超过2万m²的保障性住房，以及单体建筑面积超过2万m²的大型公共建筑、各类示范性项目及评奖项目，先执行绿色建筑评价标准；2015年起，其他各地保障性住房执行绿色建筑评价标准	
22	甘肃	甘肃省人民政府办公厅关于转发省住建厅发改委《甘肃省绿色建筑行动实施方案》的通知（甘政办发〔2013〕185号）—2013年12月8日	2015年底，全省20%的城镇新建建筑达到绿色建筑标准要求	2014年底，政府投资建筑、建筑面积超过2万m²的大型公共建筑以及兰州市的保障性住房执行绿色建筑标准	

续表

序号	地区	相关文件名称	总体发展目标	强制目标	激励措施
23	宁夏	宁夏回族自治区人民政府办公厅关于印发《宁夏回族自治区绿色建筑行动实施方案》的通知 宁政办发〔2013〕168号—2013年12月12日	"十二五"期间，全区完成新建绿色建筑600万m²。到"十二五"末，20%以上的城镇新建建筑达到绿色建筑标准要求	自2014年起，政府投资建筑、建筑面积超过2万m²的机场、车站、宾馆、饭店、商场、写字楼等大型公共建筑，银川市城区规划内的保障性住房，全面执行绿色建筑标准	对达到绿色建筑标准的民用建筑，在国家和自治区鲁班奖、广厦奖、西夏杯、优秀设计奖、建筑业新技术应用及可再生能源建筑应用示范工程中增加一定分值；对在推动绿色建筑工作中成绩突出的单位和个人，自治区人民政府给予表彰奖励
24	重庆	重庆市人民政府办公厅关于印发《重庆市绿色建筑行动实施方案（2013～2020年）》的通知（渝府办发〔2013〕237号）—2013年12月23日		2013年起，主城区公共建筑率先执行一星级绿色建筑标准；2015年起，主城区新建居住建筑和其他区县（自治县）城市规划区新建大型公共建筑执行一星级国家绿色建筑评价标准；到2020年，全市城镇新建建筑全面执行一星级国家绿色建筑评价标准	
25	黑龙江	黑龙江省人民政府办公厅关于转发省发改委省住建厅《黑龙江省绿色建筑行动实施方案》的通知（黑政办发〔2013〕61号）—2013年12月31日	到"十二五"期末，20%的城镇新建建筑达到绿色建筑标准要求；"十二五"期间，完成新建绿色建筑800万m²	2014年起，政府投资建筑、建筑面积超过2万m²大型公共建筑，哈尔滨市本级的保障性住房，哈尔滨、大庆市本级的保障性住房，以及单体建筑面积超过2万m²大型公共建筑全面执行绿色建筑标准	对取得绿色建筑标识项目并继续开展绿色建筑业务的相关企业，在资质升级、优惠贷款等方面给予优先考虑或加分；在国家、省级评优活动及各类示范工程评选中，绿色建筑项目优先推荐，优先入选或适当加分

附表 2 英国绿色建筑政策法规体系

法规层次	制定机构	重要政策法规			
国际公约 Protocol	联合国	《京都议定书》Kyoto Protocol 英国承诺至2050年实现CO_2减排60%，争取到2020年减排32%			
欧盟法令 Directive	欧盟委员会	《节能指令》SAVE Directive 91/565/EEC，对节能计划的框架和具体措施进行了规定，包括10项建筑节能措施	《建筑产品指令》Construction Products Directive 89/106/EEC，将建筑材料安全标志EC改为CE	《建筑能源性能指令》Energy Performance of Buildings Directive 2002/91/EC，规定了建筑能源证书制度，要求建立建筑物用能系统技术导则和建筑节能监管制度	《热水锅炉节能性能指令》Hot Water Boiler Efficiency Directive（92/42/EEC），关于使用液体或气体燃料的新型热水锅炉的效率	《能源利用效率和能源服务指令》Energy End Use and Energy Service Directive 2006/32/EC，主要实现了各成员国为达到规定的节能目标，必须于2007年6月30日提交国家节能行动计划，并每三年更新一次	《能效标识指令》Energy Labeling Directive 2010/30/EU，规定家用电器、交通工具等提供更全面的能耗信息，新的修订将涵盖更大的范围，包括建筑产品	《家用冰箱和制冷机的节能性能指令》Household Electric Refrigerators, Freezers and Combinations thereof Directive 96/57/EC，规定了使用交流电源的新的家用电冰箱、冷冻食品贮存柜、食品冷冻箱等的节能性能	《可再生能源指令》Renewable Directive 2009/28/EC，规定了各成员国使用可再生能源比例的目标值，英国实现可再生能源占比到2020年实现可再生能源占比15%	《热电联产指令》Combined Heat and Power (CHP) Directive 2004/8/EC，旨在推动热电联产在欧盟成员国内的应用，以提升节能性能和保证用能安全
国家法案 Act	英国议会	《气候变化法案》Climate Change Act 2008，规定政府必须致力于削减CO_2及其他温室气体的排放，到2050年减排80%	《建筑法案》1984 Building Act 1984，英国建筑法律，适用于英格兰和威尔士，而苏格兰和北爱尔兰地区分别有独立的建筑法案，如Building Act (Scotland)	《气候变化与可持续能源法案》Climate Change and Sustainable Energy Act 2006，旨在推动家庭和商户根据自身需要利用可再生能源进行独立发电，以减少碳排放	《可持续和安全建筑法案》Sustainable and Secure Buildings Act 2004，赋予《建筑法规》The Building Regulations 更多的权利，包括能源、用水、生物多样性等方面				《住宅法》Housing Act 2004，规定了英国住宅在出售之前要申请能效证书		

续表

法规层次	制定机构	重要政策法规			
国家法案 Act	英国议会	《家庭节能法案》Home Energy Conservation Act 1995，要求当地政府为居民家庭节能提供帮助	《环境保护法案》Environmental Protection Act 1990，规定污染排放和污染土地的管理，其中包括废弃土地的使用	《苏格兰建筑法案》Building Act (Scotland) 2003，规定了苏格兰相关建筑法规的权利范围和内容	《能源法》Energy Act 2010，规定了碳捕获与储存、减少化石燃料市场相关方面法规的权利范围和内容
专门法规 Regulation	英格兰中央政府，北爱尔兰、苏格兰和威尔士地区行政院，苏格兰和北爱尔兰地区各自的建筑法规	《建筑法规》The Building Regulations 2001，适用于英格兰和威尔士地区，苏格兰和北爱尔兰地区各自的建筑法规	《建筑能效法规（能源证书和检查制度）》The Energy Performance of Buildings (Certificates and Inspections) Regulation，根据欧盟《能效标识指令》Energy Labeling Directive 2010/30/EU对英国国内的建筑能源证书进行具体规定	《环境损害和责任法规》The Environmental Damage (Prevention and Remediation) Regulations 2009，规定了环境污染治理的责任归属，以引起企业对环境保护的重视[44]	《建筑材料法规》Construction Products Regulations，英国建材方面法规，体现欧盟《建筑产品指令》Construction Products Directive 89/106/EEC的要求	《工程设计和管理法规》The Construction (Design and Management) Regulations 1994，旨在提高英国施工的安全性及环保性[45]
规范与标准 Code & Guidance	政府部门或相关机构如：英格兰社区与地方政府地方政府部，英国标准研究院	《可持续住宅规范》The Code for Sustainable Homes，公建住宅强制执行，自建住宅自愿执行	《零碳建筑标准》The Zero-Carbon Building Standard，为零碳建筑的建造提供标准，符合该标准的建筑即可免除印花税	《环境白皮书》The National Environmental White Paper 1990，由英国政府发布，明确把"可持续发展"列为今后建设所应遵循的国家战略	《能源白皮书》Energy White Paper，为英国完成2050年的减排目标提供对策，并保证每个英国家庭都有足够的电力和取暖	

附表 3 英国常用绿色建筑测算工具和评价标准列表

序号		标准名称	制定机构	适用范围	主要特点
绿色建筑评价测算工具	1	BREDEM 居住建筑能源研究模型 The Research Establishment Domestic Energy Model	英国建筑研究院 Building Research Establishment (BRE)	英格兰和威尔士地区	一种模拟计算程序，用于计算居住建筑的能耗，内容涉及采暖、生活热水、炊事、照明和家用电器等方面
	2	标准评价工具 The Standard Assessment Procedure (SAP)	英国建筑研究院 Building Research Establishment (BRE)	适用于英格兰、威尔士和北爱尔兰	SAP 方法将建筑的节能水平按照 SAP 测量值分为 1 到 100 级，分别表示"低能效、高排放"到"高能效、低排放"，超过 100 分能效水平的住宅建筑可被认为是"零能耗建筑"
	3	精简版建筑能耗模型 Simplified Building Energy Models (SBEM)	英国建筑研究院 Building Research Establishment (BRE)	英国地区的非居住新建建筑	SBEM 对新建商业建筑碳排放强度的测算结果决定建筑能否获得其商业建筑节能证书 EPCs
	4	被动房屋规划系列标准英国版 Passive House Planning Package (PHPP UK)	德国达姆斯塔特房屋与环境研究所 Institut für Wohnen und Umwelt，被动式节能房屋研究所 Passivhaus-Institut 的前身	欧洲地区的居住建筑和少量公共建筑	PHPP 是为被动式节能屋标准 Passivhaus Standard 和环保建筑协会 AECB 低碳标准而制定的测量工具，以其准确性和可靠性盛行于欧洲，核心是围护结构的 U 值计算，能量平衡、通风系统的舒适性设计、建筑的供暖负荷和夏季舒适性等
	5	英国医院环境评价工具 NHS Environmental Assessment Tool (NEAT)	英国国家卫生医疗系统 National Health System	英国地区	要求所有新建建筑必须要达到 BREEAM 中"杰出"标准，所有的旧建筑改造必须要达到"优良"标准

续表

序号	标准名称	制定机构	适用范围	主要特点
1	英国建筑研究院环境评价方法 Building Research Establishment Environmental Assessment Method (BREEAM)	英国建筑研究院 Building Research Establishment (BRE)	全球各种类型的建筑	自愿的绿色建筑评价体系，也是全球最早的绿色建筑评价体系。根据打分结果分为：不合格、合格、良好、优良、优秀、杰出6个等级
2	国家住宅能源评价体系 The National Home Energy Rating	英国国家能源系统 National Energy Service (NES)	英格兰地区	为既有居住建筑、新建居住建筑、非居住建筑、公共建筑四种建筑类型提供建筑能源证书的评价和认证，证书包括EPCs、DECs等
3	生态住宅标准 XB Ecohome XB	英国建筑研究院 Building Research Establishment (BRE)，该项目由The House Corporation 资助	英国英格兰和威尔士土地区	该标准为房产住宅协会和地方管理部门提供了一个全面评价所管辖社区住宅建筑环境表现和管理结构的标准和工具
4	英国皇家建筑工程师学会建设施工基准 CIBSE Benchmarks	英国皇家建筑工程师学会 The Chartered Institute of Buildings Services Engineers (CIBSE)	英国英格兰和威尔士土地区	该标准是针对建筑的能效和可持续设计提出综合性的建议，包括各类型建筑的能效水平基准，更加广泛的环境影响评价方法（TM22）和能源基准测算方法（TM46）
5	被动式节能屋标准英国版 The Passivhaus Standard (PHPP UK)	德国达姆斯塔特房屋与环境研究所 Institut für Wohnen und Umwelt，被动式节能屋研究所Passivhaus-Institut的前身	欧盟成员国内主要德语系国家或者挪威丹麦和瑞典地区的居住建筑，以及少部分的公共建筑	主张以被动式设计（如地源热泵、被动式通风、新风热回收等）建造节能建筑，并对居住建筑的能耗提出最低运行标准
6	地方规划标准评价体系 Local Planning Standards	英国国会	英格兰和威尔士土地区的新建建筑（申请规划许可时进行）	也称为"莫顿准则"（Merton Rule），该评价体系是新建建筑在申请规划许可时必须遵循的标准

绿色建筑评价标准

续表

序号		标准名称	制定机构	适用范围	主要特点
绿色建筑评价标准	7	办公建筑能耗标准 Energy Use in Offices	英国碳信托基金 The Carbon Trust	英格兰和威尔士地区的办公建筑	
	8	节能信托基金：最佳示范能能源标准 Energy Saving Trust: Best Practice Energy Standards	英国节能信托基金 Energy Saving Trust (EST)	英格兰和威尔士地区的居住建筑项目	最大的特点是比英国建筑法规 Building Regulations 的要求更加严格而领先，按照碳排放强度分为良好示范、最佳示范和领先严格三个级别，分别比英国建筑法规的规定严格10%、25%和60%
	9	环保建筑协会低碳标准 AECB Carbon Lite Standards	英国环保建筑协会 The Association of Environmental Conscious Buildings (AECB)	英格兰和威尔士地区的公共建筑	该标准的核心内容是对建筑的能耗设置了银级、中级和金级三个级别的最低运行值，以提高建筑的节能性能
	10	英格兰和威尔士的中学建筑环境标准 The Government's Briefing Framework for Secondary School Projects	英国碳信托基金 The Carbon Trust	英国英格兰和威尔士地区	英国境内中学建筑的环境评价标准，标准分级与BREEAM中的"良好"、"优秀"三个级别要求相同

附录 美国《能源政策法案》解读

　　2005年的《能源政策法案》(以下简称"法案")是美国自1992年《能源政策法》颁布以来的最为重要的一部能源政策法律,共有18章,420条。新能源政策的基本目标是:提倡能源节约和提高能源效率,制止能源浪费和过度消耗;增加国内能源生产,减少对国外能源的依赖;能源供应多样化,大力开发替代能源;对能源供给设施进行现代化改造,保证能源输送渠道的通畅,减少大规模断电风险。美国联邦政府计划在10年内提供335亿美元的税收优惠和其他补助,鼓励国内石油、煤炭和核能生产。其中,包括向全美能源企业提供146亿美元的减税额度,以鼓励石油、天然气和电力企业等采取节能、洁能措施;把现有的税收优惠扩大到利用可再生能源的电力生产(包括风力、生物能和垃圾填埋坑气体发电)、住宅太阳能设施建设等,并向购买高能效建筑的消费者提供税收优惠等。《法案》同时还强调运用经济手段,增加国内能源生产和提高能源效率。下面从不同角度对其进行解读:

(1) 房屋和城市发展部(HUD)能源战略

　　房屋和城市发展部应制订和实施综合战略,包括采用成本核算的节能和能效措施、对公共和住宅进行节能设计和建造、设定能源节省目标、对公共和住宅建设进行激励,以降低公共事业开支。

(2) 降低联邦政府建筑能耗

　　法案颁布半年内应制定国会大厦(Congressional Buildings)节能计划,节能计划应包括全寿命周期分析得到的能效提升改造计划和合理用能措施。具体措施如下:

　　1) 制定降低能耗的目标。联邦政府建筑(包括各种工业或实验室设施)在2006~2015年(以2003财政年度为基准)内,平均每平方英尺的耗能量应减少20%,平均每年应达到2%。

　　2) 制定能源节约和管理计划。联邦政府是美国最大的能源用户,占整个美国耗能量的1.6%,每年约有100亿美元能源预算,其中44%为建筑和设备用能(不包括车辆)。联邦政府还是美国最大的产品购买者:每年约有60亿美元用于购买用能产品、设备和车辆。有鉴于此,该计划包括:①进行生命周期成本分析,以确定节能项目的成本效益;②制定能源调查日程表,以确定所有国会大厦能源和节水措施的费用和回收期;③对所有节能和节水设施的全寿命周期成本效益进行分析;④对国会大厦实施设备改造成本和获益情况进行研究。此外,建筑运营单位应提交有效的能源节约和管理计划及具体要求,以符合联邦政府大厦的用能要求。国会大厦的建筑师每年应当向国会提交能源管理和节能措施年度报告。内容包括每个用能设备的用能、节能情况,节能改造项目的实施情况,雇员培训情况等。

　　3) 采购高能效产品。联邦政府应采购"能源之星"(Energy Star Program)认证的产品或"联邦政府能源管理计划"(Federal Energy Management Program, FEMP)指定产品。其中，FEMP 指定产品是根据能源部"联邦政府能源管理计划"提出的能效排序，在同类产品中排前 25%的高能效产品。

4）执行联邦政府建筑节能设计标准。新建联邦政府建筑设计时达到的耗能水平，应至少比《美国供暖、制冷与空调工程师协会标准》或《国际节能法标准》确立的相应水平低30%；在所有新建建筑与改造建筑的选址、设计与施工过程中，应采用可持续性设计原则。

5）提高能源管理效率。实施能源计量：自 2012 年 10 月 1 日起，所有联邦政府建筑应进行用能计量，能源部应制定各机构执行计量的指导意见。联邦政府实施能源管理资金主要来自三个方面：直接拨款、节能效益合同（Energy Savings Performance Contract，ESPC）和公用事业能源服务合同（Utility Energy Services Contracts，UESCs）。其中，直接拨款的份额从 1985～2003 年的 54%下降至 2003 年的 23%，而节能效益合同从 30%上升至 60%，这是《法案》中将 ESPC 继续执行的原因所在，即充分依靠市场机制来实现节能。

(3) 制定资助计划

1）低收入家庭能源资助计划。在 1981 年《低收入家庭能源资助法》（Low-Income Home Energy Assistance Act）的基础上，美国提高了授权拨款的权限，从 2002～2004 各财政年度的 20 亿美元，提高至 2005～2007 各财政年度的 51 亿美元。

2）州政府节能计划。各州政府的节能方案应制定具体目标（2012 年度能源利用效率较 1990 年度应提升 25%或更高），并规定至少每 3 年审查一次。州政府计划的主要作用是落实各个单项计划的推广和实施、审核以及财政拨款。

3）低能耗公共建筑资助计划。主要包括：①能源部可以授权州政府相关机构负责发展该州的能源保护计划，主要目标为：新建建筑用能比《国际能源保护法案》参考建筑降低 30%，改造建筑用能降低 30%；②获得授权的州能源办公室应当开发并传播信息和材料，实施技术服务与援助计划，以鼓励地方政府公用事业计划编制、资金筹措和节能公共建筑设计；③2006～2010 每个财政年度内拨款 3000 万美元，其中管理资金不得多于 10%；④2006～2008 每个财政年度，授权部长拨款 2000 万美元用于非营利性社区开发组织和印第安部落经济开发实体等低收入社区节能示范方案。

(4) 经济激励

一方面，对州能源计划、节能器具（包括能源之星住宅）、低能耗建筑、光伏商业化计划等给予高额补贴；另一方面，对部分建筑和设备也给予税收优惠。

(5) 支持可再生能源应用

一方面制定光伏能源商业化计划。计划内容包括：促进经济可行的光伏产业增长，以及光伏太阳能发电系统采购和安装，并向普通公众推广；实现 1997 年"政府百万太阳能屋顶启动计划"规定的目标，即于 2010 年前在 2 万座联邦政府建筑内安装太阳能系统；促进联邦政府普遍核算全寿命周期成本并革新采购方法；开发计划绩效数据，以支持对未来能源激励计划的决策。另一方面，探讨地热能源的发现和利用等科学与政策问题。

(6) 研究与开发

《法案》对低能耗建筑的研究、示范、参与主体、拨款等进行了详细规定，并在科技政策办公室建立了部门间小组，开展国家建筑物性能研究计划。

参 考 文 献

[1] California Green Building Standards Code California Code of Regulations，2010，ISBN 978-1-58001-979-8.

[2] 孙泓. 新能源利用的现状和未来. 中国新能源网，2008-07-20.

[3] 中国城市科学研究会. 绿色建筑 2009［M］. 中国建筑工业出版社，2009.

[4] 国家标准《绿色建筑评价标准》GB/T 50378-2006.

[5] 袁镔. 简单 适用 有效 经济—山东交通学院图书馆生态设计策略回顾［J］. 城市建筑，2007（4）：16-18.

[6] 绿色建筑地图网 http：//www. gbmap. org/. 最后访问日期：2014-02-17.

[7] http：//www. usgbc. org/international/chinese. 最后访问日期：2014-02-17.

[8] 武增，蔡定剑. 英国上议院作为司法机关的组织和职能［J］. 人大研究，2004，（6）：44-46.

[9] Reeder L, AIA. Guide to Green Building Rating Systems：Understanding LEED, Green Globes, Energy Star, the National Green Building Standard, and More［M］. Wiley：Wiley-Blackwell，2010：203.

[10] United Nations Framework Convention on Climate Change. Kyoto Protocol To The United Nation Framework Convention on Climate Change［EB/OL］. http：//unfccc. int/resource/docs/convkp/kpeng. html. 最后访问日期：2011-01-05.

[11] Baden S., Fairey P., de T'serclaes P. and Laustsen J. Hurdling Financial Barriers to Low Energy Buildings：Experiences from the USA and European on Financial Incentives and Monetizing Building Energy Savings in Private Investment Decisions［C］//Proceedings of 2006 ACEEE Summer Study on Energy Efficiency in Buildings. American Council for an Energy Efficient Economy, Washington DC，2006：5-6.

[12] David H. The 50 years history behind the EBPD：From to European Coal and Steel Community to the EPBD［Z］. www. buildingsplatform. eu. 最后访问日期：2013-9-28.

[13] The European Parliament and The Council of The European Union, Directive 2010/31/EU of The European Parliament and of The Council of 19 May 2010 on The Energy Performance of Buildings (Recast)［J］. Official Journal of the European Union：2010 L153：13-35.

[14] The European Parliament and The Council of The European Union, Directive 2010/31/EU of The European Parliament and of The Council of 19 May 2010 on The Energy Performance of Buildings (Recast)［J］. Official Journal of the European Union：2010 L153：13-35.

[15] The European Parliament, Directive 2010/30/EU of the European Parliament and of the Council of 19 May 2010 on the indication by labeling and standard product information of the consumption of energy and other resources by energy-related products Text with EEA relevance.［Z］. http：//eur-lex. europa. eu/LexUriServ/LexUriServ. do? uri＝OJ：L：2010：153：0001：01：EN：HTML. 最后访问日期：2013-10-22.

[16] The European Parliament and The Council of The European Union, Directive 2010/31/EU of The

European Parliament and of The Council of 19 May 2010 on The Energy Performance of Buildings (Recast) [J]. Official Journal of the European Union：2010 L153：13-35.

[17] European Association of Flat Glass Manufactures. Construction Products Directive-A Guide to CE Marking for Glass In Building 2003 Onwards. www. gepvp. org. 最后访问日期：2013-10-24.

[18] 中国土木工程协会. 中国土木工程协会赴英国、瑞士执行政府投资工程招标投标监管的法律和实务考察报告 [EB/OL]. http：//www. zgjjj. org/guild/sites/tmxh/Files/19358＿1. doc. 最后访问日期：2013-11-04.

[19] 廖含文，康健. 英国绿色建筑发展研究 [J]. 城市建筑，2008-9-14.

[20] Warren A. Towards Common Energy Standards for Building across Europe [J]. Energy World. 2002. 3：8-10.

[21] 王国聚. 西方发达国家议会监督制度探析 [J]，人大研究，2009，第 8 期，42-45.

[22] Shorrock L. D.，Henderson J. and Utley. J. I. Reducing carbon emissions from the UK housing stock [M]. London：BRE Press. 2006.

[23] The Building Regulations 2010（No. 2215）for England and Wales.
http：//www. legislation. gov. uk/uksi/2010/2215/pdfs/uksi＿20102215＿en. pdf. 最后访问日期：2014-02-20.

[24] "Statutory Instruments 2007 No. 991；Building and Buildings，England and Wales；The Energy Performance of Buildings（Certificates and Inspections）（England and Wales）Regulations 2007" [EB/OL].
http：//www. opsi. gov. uk/si/si2007/uksi＿20070991＿en＿1. 最后访问日期：2014-01-22.

[25] UK Department for Communities and Local Government，Energy Performance Certificates for Buildings in the UK [EB/OL]，http：//ec. europa. eu/environment/etap/pdfs/july06＿building＿energy＿perf＿certificate. pdf. 最后访问日期：2014-02-22.

[26] Energy Saving Trust，Energy Saving Trust Annual Review 2009-10 [EB/OL].
http：//www. energysavingtrust. org. uk/Media/Corporate-Media/Publications/Annual-Review-2009-10. 最后访问日期：2012-06-05.

[27] 杨金林，陈立宏. 国外应对气候变化的财政政策及其经验借鉴 [J]. 环境经济，2010（6）：32-43.

[28] Energy Saving Trust，Energy Saving Grants and Offers，http：//www. energysavingtrust. org. uk/Easy-ways-to-stop-wasting-energy/Energy-saving-grants-and-offers. 最后访问日期：2012-06-05.

[29] 英国节能管理实践 [EB/OL]，http：//ecpi. ggj. gov. cn/gwzl/200909/t20090921＿268381. htm. 最后访问日期：2012-06-05.

[30] Anderson，B. Building Research Establishment（United Kingdom）. BREDEM-12 Model Description 2001 Update [R]. London：CRC. 2002.

[31] Building Research Establishment. The Government's Standard Assessment Procedure for Energy Rating of Dwellings [EB/OL]. www. bre. co. uk/sap2005. 最后访问日期：2012-05-30.

[32] Building Research Establishment，SBEM：Simplified Building Energy Model [EB/OL].
http：//www. bre. co. uk/page. jsp？id＝706. 最后访问日期：2012-05-30.

[33] Dr. Wolfgang Feist. Passive House Institute. Passive Home Training Module for Architects and Planners. Passive-On：Marketable Passive Homes for Winter and Summer Comfort [M]. 2007.

[34] Building Research Establishment，Schemes from starter homes to opera homes [EB/OL]. http：//www. breeam. org/page＿1col. jsp？id＝54. 最后访问日期：2012-05-30.

[35] McNell L. What is an NHER Rating? [EB/OL]. http://www.nesltd.co.uk/blog/what-nher-rating. 最后访问日期:2012-06-05.

[36] National Association of State Energy Officials, National Home Energy Rating Technical Guidelines [EB/OL]. http://www.innov8ivehomes.com/images/Alternative%20Energy%20Solutions/EnergyTechGuide_99-02.PDF. 最后访问日期:2012-06-05.

[37] PassivHaus UK. The PassivHaus Planning Package (PHPP) [EB/OL]. http://www.passivhaus.org.uk/ 最后访问日期:2012-06-05.

[38] Carbon Trust. Energy use in offices [EB/OL].
http://www.carbontrust.co.uk/Publications/pages/publicationdetail.aspx?id=ECG019. 最后访问日期:2012-06-05.

[39] Energy Saving Trust. Demonstrating Compliance: Advanced Practice \ Best Practice \ Good Practice [EB/OL]. http://www.energysavingtrust.org.uk/Professional-resources/Housing-professionals/New-housing. 最后访问日期:2012-06-05.

[40] The Association of Environmental Conscious Buildings. AECB CarbonLite Programme Delivering buildings with excellent energy and CO2 performance [EB/OL]. http://www.carbonlite.org.uk/carbonlite/downloads.php. 最后访问日期:2012-06-05.

[41] Wayne Head, Richard Buckingham. Sustainability Innovation in United Kingdom Schools [EB/OL].
http://www.oecd.org/dataoecd/63/50/43904693.pdf. 最后访问日期:2012-06-05.

[42] 新华网. http://www.xinhuanet.com/.

[43] 张明明. 新加坡绿色建筑 [D]. 天津大学,2011.

[44] Department of Environment, Food and Rural. The Environmental Damage Regulations Preventing and Remedying Environmental Damage. [EB/OL]. http://www.defra.gov.uk/environment/policy/liability/pdf/quick-guide-regs09.pdf. 最后访问日期:2012-05-18.

[45] The Health and Safety Executive's Construction Division. The Construction (Design and Management) Regulations 2007. [EB/OL]. http://www.legislation.gov.uk/uksi/2007/320/contents/made. 最后访问日期:2012-05-18.

[46] 住房和城乡建设部科技发展促进中心. 绿色建筑评价技术指南. 北京:中国建筑工业出版社,2010.